SCÈNES

DU

BEAU MONDE.

PARIS. — IMPRIMERIE DE RIGNOUX ET Cie,
rue des Francs-Bourgeois-St.-Michel, n° 8.

SCÈNES
DU
BEAU MONDE,

PAR

MM. JULES JANIN, HENRY MARTIN, GUSTAVE DROUINEAU,
VICOMTE DE MARQUESSAC, ALEXANDRE DUMAS,
GUSTAVE ALBITTE, ÉMILE DESCHAMPS, JULES LACROIX,
VICOMTE D'ARLINCOURT, P. L. JACOB, *bibliophile*,
PETRUS BOREL, ET EUGÈNE SUE.

PARIS,
VICTOR MAGEN, ÉDITEUR.
—
1833.

DE L'ART

ET

DE LA POÉSIE EN FRANCE

DEPUIS LA RÉVOLUTION DE JUILLET.

PAR JULES JANIN.

Décembre 1832.

A MILADY E. B.

Ce que vous me demandez, milady, est pour moi d'une réponse difficile. Vous croyez qu'il n'y a rien de plus simple et de plus facile, surtout à un homme dans ma position, que de vous résumer en quelques pages cette histoire littéraire de la France que moi et mes confrères nous écrivons au jour le jour, la suivant pas à pas dans ses mille détours, regardant ses caprices sans en avoir pitié, assistant à ses emportemens sans en avoir peur, aussi peu dupes de ses grâces apprêtées que peu touchés de sa feinte douleur. Vous croyez qu'il est facile de résumer tout cela, Fanny! Vous croyez qu'avec du sang-froid et la bonne volonté de vous plaire, je pourrai vous faire saisir d'un seul regard cette vagabonde poésie de notre

France attristée par tant de révolutions! Cela n'est pas si facile que vous le dites, madame; cela veut, au contraire, beaucoup de soins, beaucoup de ménagemens, et surtout beaucoup de mémoire. Et puis, vous parler d'art, à vous, qui avez l'instinct de tous les arts; vous parler poésie, à vous, si grand poète, dont un seul geste, dont un regard vaut toute poésie! cela augmente encore la difficulté de l'entreprise. Mais, vous le voulez, que votre volonté anglaise soit faite. Seulement, du beau parc où vous vous promenez à l'heure qu'il est, les pieds embarrassés dans les feuilles qui tombent, tendez-moi, s'il se peut, votre petite main blanche comme votre âme, et soutenez-moi dans le pénible chemin que je vais recommencer tout exprès pour vous, milady.

Pour commencer comme je veux finir, je vous avouerai franchement que, depuis la révolution de juillet, nous avons si peu vécu de la vie-artiste, qu'il me semble qu'une année s'est à peine écoulée depuis les glorieux trois jours. Nous ferons donc bien de mettre en un seul bloc les deux années évanouies, et de chercher l'art comme nous pourrons au milieu des émeutes, des barricades, des pestes, des procès politiques et des guerres de Paris et de la Vendée, et de tous les autres épisodes ridicules ou sanglans dont notre malheureuse histoire est encombrée depuis deux ans.

Procédons par ordre, afin d'être clairs. Si vous voulez, nous commencerons par le théâtre, pour être plus tôt débarrassés de la partie la plus pénible de notre chapitre. Allons au théâtre, s'il vous plaît; ou plutôt, heureuse que vous êtes, restez à votre place, et laissez-moi le soin de vous dire ce que j'y ai vu au théâtre, moi, pauvre homme, qui y suis allé si souvent depuis deux ans!

Autrefois, sous la Restauration (je dis autrefois, car il me semble qu'il y a déjà bien long-temps de cela), les différens théâtres de Paris étaient renfermés dans des limites certaines dont ils ne pouvaient sortir sous aucun prétexte. Chaque théâtre avait son domaine religieusement tracé et des limites qu'il ne devait pas franchir; le goût public et la loi le voulaient ainsi. Le Théâtre-Français, par exemple, maître exclusif des chefs-d'œuvre de nos grands maîtres, exploitait Corneille, Racine et Molière en toute propriété. Le grand drame, la tragédie en vers, la haute comédie, étaient exclusivement de son domaine. En même temps il était défendu au Théâtre-Français de jouer le mélodrame, de porter les haillons, la besace, la livrée et les crimes du boulevard : le Théâtre-Français y gagnait, et nous aussi.

Qu'a fait la révolution de juillet ? Elle a donné la liberté au théâtre ; elle a reculé toutes les limites, brisé toutes les barrières, confondu tous les genres ; elle a porté la tragédie et le grand vers sur les théâtres du mélodrame ; elle a transporté les guenilles du mélodrame au Théâtre-Français. Madame Saqui elle-même, que de sages ordonnances de police avaient attachée sur la corde tendue, lui permettant, pour toute faveur, de danser sans balancier, est descendue de sa corde raide et de son fil d'archal pour jouer *le Cid*, *les Horaces* et *le Misanthrope :* la confusion a été immense. Vous alliez à l'Ambigu-Comique, et vous voyiez M. Marty déclamer la tragédie de Chénier. Vous demandiez *Mérope* au Théâtre-Français : on vous donnait *Charlotte Corday;* sur le théâtre de Brunet, on représentait les *Barricades* et les *Trois Jours*. M. Lepeintre se battait dans la rue, et prenait le Louvre en plein vaudeville. On se battait dans tous les théâtres; on chantait *la Marseillaise* dans tous les théâtres, et le Gymnase dramatique, le théâtre de Madame, fait pour elle, soutenu par sa protection bienveillante, éphémère enfant de son sourire, insultait Madame la duchesse de Berry. C'était une confusion inouïe, immense, déplorable, dont nous serons encore bien long-temps à revenir.

En même temps que les genres se confondaient, et que les théâtres se jetaient à corps perdu sur leurs priviléges respectifs, se hâtant chacun de jeter sa casaque naturelle pour endosser la casaque de son voisin, et tout étonné de se trouver toujours aussi mal habillé, les théâtres, ainsi vêtus d'habits d'emprunt qui n'étaient pas à leur taille, mirent au pillage, et d'une manière déplorable, toute l'histoire passée et toute l'histoire présente, qui leur avaient été défendues jusqu'à présent. Voilà comment ils abusèrent doublement de la liberté de juillet. Ils en abusèrent d'abord en confondant tous les genres; ils en abusèrent ensuite en confondant toutes les époques, tous les noms, toutes les gloires, tous les crimes. Songez donc à cela, madame, et à ce que le théâtre aurait pu devenir, si les théâtres avaient voulu! Une révolution subite, inouïe, ouvre tout à coup au théâtre une carrière immense, toute nouvelle et toute vierge! Elle leur donne à la fois et le même jour, *la République, l'Empire, la Restauration!* Elle leur donne Danton et Bonaparte; Louis XVIII et Marie-Antoinette; Marie-Louise et Marie-Thérèse d'Angoulême; elle leur donne plus que toute l'histoire grecque et toute l'histoire romaine, et tout le moyen-âge français n'avaient jamais donné à la tragédie. Songez donc à cela! La seule famille d'Agamemnon a suffi à tous les théâtres du monde, depuis Sophocle jusqu'à Racine! Que n'avions-nous pas droit d'attendre, nous autres, avec la République, l'Empire et la Restauration, habilement ménagés par les poëtes dramatiques, ménagés seulement comme l'a été la maison d'Atrée? Eh bien, non! Eh bien! les théâtres ont dévoré en un jour cette vaste pâture de faits historiques et de héros qui eût pu suffire au génie de trois siècles. Nos théâtres ont dévoré tout cela, et sans que leur estomac fût surchargé. On les a vus tous le même jour traîner sur les planches, comme si elles avaient encore été dans le tombereau fatal, les nobles victimes de 93, madame Roland, la reine, madame Élisabeth, Louis XVI, augustes figures, confondues et mêlées horriblement avec la fange horrible et sanglante de la terreur. On a entendu hurler la Montagne au Théâtre-Français! Si bien qu'à force d'échafauds et de sang et de bourreaux de toutes sortes, à force de mauvaise éloquence de révolution, le public de Paris, fatigué de voir des bonnets rouges, fatigué d'entendre chanter : *Ça ira, ça ira,* et autres mélodies de septembriseurs, a demandé en grâce que le théâtre le tînt quitte de la révolution. La révolution a été perdue pour le théâtre, il l'a gaspillée en moins de quinze jours. — Il devait vivre trente ans avec cela. C'est bien!

Alors les théâtres ayant renfermé dans leurs magasins la carmagnole et les écharpes de l'accusateur public, se sont mis à tomber de toutes leurs forces sur la Restauration vaincue : ils ont traîné sur les planches les jésuites et les prêtres ; ils ont fait de la vieille opposition religieuse de 93 tout au moins ; ils nous ont montré un archevêque qui par le fait était menteur, blasphémateur, suborneur de jeunes filles, et incendiaire par-dessus le marché. Le public, qui voulait bien détester la Restauration, mais qui voulait la détester en homme comme il faut, a voilé sa face devant ces scandales et ces mensonges ; il a jugé que le catholicisme était trop malade pour souffrir que le dernier comédien de mélodrame vînt donner son coup de pied au noble lion mourant de vieillesse. Et puis c'était mal choisir son temps, que de traduire un archevêque sur la scène au moment où monseigneur l'archevêque de Paris, chassé de sa maison par un beau jour de carnaval, voyait sa maison renversée de fond en comble, dévastée par la foule, tous ses meubles, jusqu'à son crucifix d'ivoire, épars dans la rue, et les livres de l'église, immense et savante collection théologique, recomposée à grands frais, et après mille travaux, jetés aux vents, jetés à la rivière, abîmés, perdus, perdus à tout jamais ! et Saint-Germain-l'Auxerrois, perdu, ruiné et dévasté, et n'attendant plus que le bon plaisir de l'architecte royal pour disparaître entièrement ! Voilà pour le théâtre exploitant les prêtres, les rois, les princes, et en général toute la Restauration. La Restauration n'a pas fait plus de profit au théâtre que la République. C'était bien la peine d'être en liberté !

Restait l'Empire au théâtre ; restait ce grand nom, Napoléon Bonaparte ; restait cette illustre vie qui commence aux Pyramides, qui se repose sur le trône du monde, dans le palais agrandi des rois de France, et qui meurt sur un rocher au milieu de la mer ! C'était là un homme dramatique s'il en fut ! Qu'est-ce que César ou Alexandre, pour le drame, comparés à Bonaparte ? Bonaparte, le roi du monde moderne, le roi de la pensée moderne, le roi de l'histoire à venir ; Bonaparte, que lord Byron, votre grand poëte, a vu le premier sous son aspect poétique, la plus grande gloire de lord Byron, par conséquent !

Bonaparte, ce principe nouveau, inouï, qui vient dans le monde comme le tonnerre, et qui s'en empare ; Bonaparte, peuple et roi, peuple souverain, roi absolu, confisquant à son profit ces deux puissances souveraines, ce despotisme double, et les menant de front, jusqu'à ce que ces deux forces, la force royale et la force populaire, révoltées d'être ensemble attelées au même joug et représentées par la même couronne, brisent en même temps et ce joug et cette couronne, laissant à nu le large front de l'Empereur ! Et puis quelle existence ! quelle grandeur à côté de quel abaissement ! quels changemens de fortune ! Il y avait dans cette vie de quoi épouvanter Bossuet, de quoi intimider Corneille. Nos auteurs dramatiques, plus forts que Bossuet et plus puissans que le grand Corneille, n'ont été ni intimidés ni épouvantés par la vie de Bonaparte : ils sont tombés, les ailes déployées, sur cette immense curée, les vautours qu'ils étaient ! Ils ont déchiqueté de leurs ongles ce vaste cadavre, dont la tête touchait aux Pyramides et les pieds au Kremlin ! Ils ont fait pour Bonaparte ce que les premiers sénateurs, à Rome, ont fait pour Romulus ; ils se le sont misérablement partagé : à toi son enfance ! à toi son Égypte ! à toi 1804 ! à toi 1814 ! à toi Sainte-Hélène ! à toi les Cent-Jours et l'île d'Elbe ! ils ont tout ramassé sur sa route, hélas !

Ils ont pris ses innocentes boules de neige à l'école de Brienne, et ses boulets de Waterloo ; ils ont mêlé tout cela, confondu tout cela, abusé de tout cela. L'art du machiniste est venu au secours du poëte. On a inventé un nouveau système de décorations. Les peintres ont bâti d'immenses toiles qui représentaient toutes les capitales du monde, depuis Vienne jusqu'à Moscou. Ils ont joué avec son agonie, et l'ont fait insulter long-temps par votre abominable compatriote Sir Hudson Lowe ; quand il a été mort, ils ont joué avec son cercueil, tant qu'ils ont pu, dans la vallée où il est enterré, le grand homme, sous un saule pleureur, n'ayant, pour le garder, qu'un vieux soldat de la vieille armée, cet homme, ce débris imperceptible d'un grand débris, qui avait rêvé pour tombeau la flèche de Saint-Denis, si formidable à Louis XIV, et pour gardiens les chanoines de Saint-Denis, dont il avait fait des évêques ! Mais nous l'avons vu dans notre histoire moderne ; ce qu'il y a de plus difficile à atteindre pour les rois aujourd'hui, ce ne sont pas les honneurs du trône, ce sont les honneurs de la tombe. Le caveau de l'église funèbre s'ouvre plus difficilement que les portes banales des Tuileries ; le caveau de Saint-Denis est la consécration du trône de France ; c'est le dernier argument des couronnes solides ; c'est la dernière preuve pour les royautés bien faites ; c'est le but auquel Louis XVIII a touché, et qui a manqué à deux hommes d'une trempe bien diverse, Napoléon et Charles X. Voilà où conduisent les excès dans tous les genres !

Eh bien, milady, eh bien ! avec cette gloire, avec ce grand nom, avec ces malheurs, le théâtre n'a pas été plus heureux qu'il ne l'avait été avec les gloires et les malheurs, avec les noms de la Restauration ou de la République. L'Empire tout entier a été dévoré comme tout le reste, sans profit, sans gloire, sans honneur. Le théâtre moderne ne ressemble pas mal aux épais oiseaux qui nagent dans la mare de votre basse-cour, et qui engloutissent tout ce qu'ils rencontrent, pour le rendre l'instant d'après comme ils l'ont englouti. Pardonnez-moi la comparaison ; elle est triviale, mais elle est juste. Ils ont englouti ce grand homme sans y gagner d'embonpoint d'aucune espèce ! Ils l'ont absorbé tout entier ! Quel immense gaspillage ! Les sénateurs romains, dont je vous parlais tout à l'heure, ont fait au moins un dieu de Romulus, après l'avoir mis en pièces ; les théâtres, dont je vous parle, n'ont pas même fait un bon mélodrame avec les débris de Bonaparte. Par une bizarrerie singulière, et qui est un grand signe de popularité, n'en doutez pas, il est arrivé que tous les grands hommes historiques ont été faciles à contrefaire naturellement : ainsi Frédéric II, le roi-philosophe du dix-huitième siècle ; ainsi Voltaire, cet autre roi, ce roi véritable, et le plus grand de tous, du dix-huitième siècle ; ainsi la plupart des grands hommes de la France, ont été faciles à représenter sur la scène. Un chapeau d'une certaine façon, un habit d'une certaine broderie, un tic, un geste brusque, moins que rien ; quelquefois une perruque, et il n'en fallait pas davantage pour reconnaître le grand homme! Ce qui est arrivé à Frédéric II et à Voltaire est arrivé à Bonaparte. Au moyen d'un petit chapeau et d'une redingote grise, il n'est pas de dernier acteur dans les derniers théâtres de Paris qui n'ait eu le moyen de contrefaire Napoléon Bonaparte à faire pousser des cris de joie, à faire verser des larmes d'attendrissement à la foule. Cette redingote grise et ce petit chapeau ont suffi à toute la littérature contemporaine. On s'est écrié de toutes parts, en montrant le chapeau et la redingote : C'est lui! c'est bien lui! vive l'Empereur! Ce que voyant, les théâtres ont pris plus de soin de faire fabriquer des redingotes grises et des petits chapeaux, que des mélodrames et des tragédies! Les draps gris ont été en hausse un instant, sur la place, presque autant que les draps bleus. Il est impossible de fabriquer un héros dramatique à meilleur marché.

Vous, milady, qui savez vos poëtes et votre histoire ; vous, qui lisez souvent le vieux Will, le poëte de la reine Élisabeth; vous, qui savez comment on fait un drame d'une chronique, et comment le grand Shakspeare a rempli la scène avec les querelles des deux roses, si sanglantes toutes les deux, la rose blanche plus sanglante que l'autre ; vous ne vous douteriez pas de ce que la poésie française a fait avec Bonaparte ! Et quelle distance nous sépare, je ne dis pas du génie de Shakspeare, mais seulement des formes de ce génie ! Dans les premiers drames faits sur Bonaparte, ce ne sont que déclamations rêveuses ou furibondes, monologues insupportables, clameurs de peuples, bataille à quatre fusils, naufrage dans un verre d'eau. Pendant toute la pièce, le héros est occupé uniquement à prendre du tabac, à tirer le bout de l'oreille à ses maréchaux, à signer des lettres de grâce ou des ordres militaires : voilà pour l'action ; quant au repos, Bonaparte, le Bonaparte dramatique, ne sait faire qu'un seul geste au repos ; il tient ses bras croisés par-derrière, et c'est tout. On n'a pas fait d'autre drame avec notre Empereur. On n'a pas inventé une bonne scène en son honneur ; on ne lui a pas prêté un discours supportable. On lui a bien laissé, il est vrai, quelques-uns de ses mots par faveur

2

singulière; mais ces mots historiques sont tellement empêtrés dans la prose étrange du drame actuel, qu'ils deviennent insupportables à entendre, et qu'ils font tache au milieu de cette prose comme un mensonge. Disons pourtant, à la louange de Bonaparte, qu'il a duré à lui seul, sur le théâtre, autant que la République et la Restauration à elles deux. Le Cirque-Olympique vient même de faire une pièce nouvelle avec l'Empire, osant encore hasarder, lui tout seul, une centaine de mille francs sur ce grand nom, que tous les théâtres croyaient épuisé. Jamais Bonaparte, dans le plus beau temps de sa gloire, et au milieu de la plus grande foule de ses flatteurs, n'a reçu d'éloge qui vaille l'éloge du Cirque-Olympique; cent mille francs hasardés sur son nom, deux ans après la révolution de juillet, quand personne ne songeait plus à cette statue de la colonne, que la révolution avait promis de replacer là-haut!

Et puisque nous en sommes à Bonaparte, achevons d'en parler et de dire tout ce que nous avons sur le cœur; aussi bien ce que nous avons à en dire encore vous fera-t-il juger de l'état de l'Ode en France, après avoir jugé de l'état du théâtre. Écoutez donc :

Bonaparte, après avoir servi de spéculation à tous nos entrepreneurs de théâtre, éperdus qu'ils sont au milieu du marasme général, était rentré dans son repos. On ne pensait plus à lui que pour la regretter pendant les jours d'émeute cette main ferme et puissante, qui nous avait tirés de l'abîme, quand tout à coup on annonce de Vienne la mort du duc de Reischtadt. L'enfant roi de Rome expire, l'enfant impérial est mort! Il est mort! Ce grand nom est éteint aussi facilement qu'un flambeau ; et cette fois personne *ne rallumera le flambeau de David!* cette fois c'en est fait pour toujours, de ce sang qui a bouillonné avec tant de ferveur dans les veines de la nation. Que vont faire les poëtes ? Comment consoleront-ils le père dans sa tombe ? Comment, à propos de cette douleur nouvelle, profiteront-ils de leur nouvelle liberté pour porter leurs mains respectueuses sur les blessures du géant enseveli sous le roc de Sainte-Hélène ? La France a été attentive un instant ; elle a prêté l'oreille, et elle a écouté ;

elle a monté au sommet de ses tours, et elle n'a rien vu venir : rien n'est venu. Quelques dramaturges, trouvant l'occasion favorable, ont fait des vaudevilles sur la mort du fils comme ils avaient fait des vaudevilles sur la mort du père, mais c'est là tout. Pas un de nos poëtes ne s'est ému pour l'enfant mort. Moi, qui vous parle, je leur avais jeté le défi le premier; ils n'ont pas ramassé ce gant, jeté par une main inconnue, mais difficile à relever cependant, parce que sur ce gant jeté aux poëtes, était écrit, en grosses lettres, le nom de Bonaparte. Personne ne répond heureusement à cet appel. M. Casimir Delavigne, si fêté par la France de l'opposition, poëte français et national, tant qu'un Bourbon de la branche aînée a été sur le trône il a gardé le silence sur la mort du fils de l'Empereur. Peut-être était-ce modestie. M. Delavigne aura voulu cette fois expier par son silence la plus médiocre cantate qu'on puisse écrire, même pour une cantate nationale, et la plus médiocre Messénienne sur le chien du Louvre, après laquelle Messénienne le chien s'est sauvé du Louvre pour ne plus revenir. Rayez ce nom-là de vos tablettes poétiques, s'il vous plaît.

Béranger, cette puissance, qui fut tout-à-fait une puissance impériale sous la Restauration; cet homme, qui remua la France et donna tant de frissons au trône légitime, avec quelques refrains à boire; Béranger, ce souvenir posthume de Bonaparte, salué roi par Bonaparte au fond de son tombeau, Béranger s'est tu comme s'est tu Casimir Delavigne, sur la mort de celui qui avait été plus que roi de Rome, qui avait été fils de l'Empereur! Voici donc encore une perte à ajouter à nos autres pertes. Inscrivez le nom de Béranger au sommet de la page de nos poëtes perdus dans l'orage; vous mettrez le nom de Casimir Delavigne tout au bas.

Ceux même, et ceux-là ont l'âme forte, qui ne désespèrent pas de l'avenir de la France poétique; ceux-là qui se sont dit à eux-mêmes, et qui nous le démontreront, j'espère, qu'il y a encore de l'art en France, et qu'il y en a plus que jamais en France; ceux-là, dis-je, qui ont voulu célébrer d'une manière épique le tout petit enfant mort à Schœnbrunn, ce

Schœnbrunn, témoin de la gloire de son père ; ceux-là ont échoué dans ce chant funèbre. M. Victor Hugo lui-même, la plus belle volonté de notre époque poétique, comme M. Casimir Périer était la plus belle volonté de la révolution de juillet ; M. Victor Hugo, qui a voulu la célébrer, cette mort, n'a fait que de très beaux vers, selon sa coutume, et rien de plus. Après ces vers, il a fait *le Roi s'amuse*, et rien de plus. Mais, de grâce, milady, ne prenez pas vos tablettes pour inscrire sur le livre des poëtes, même égarés, le nom de cet ardent génie. S'il a échoué cette fois à ce nom de Bonaparte, qui lui avait tant réussi il y a dix ans, s'il a échoué à la révolution de juillet, comme poëte dithyrambique et comme poëte dramatique, tenez-vous pour assurée que de sa part ce fut trop de zèle, peut-être, mais à coup sûr ce ne fut pas impuissance. Non, non, ne rayez pas celui-là de la liste des poëtes ; rappelez-vous tout ce qu'il a jeté en dehors avant la révolution de juillet. Que de feu et de lave mêlées à un peu de fumée ! Il sortait à peine de Notre-Dame de Paris, ce labyrinthe jeté en l'air par le génie des hommes, pour prouver à Dieu qu'il a été compris ici-bas, que tout à coup Victor Hugo laisse échapper *Marion Delorme*. *Marion Delorme*, expression passionnée de l'amour physique dans une époque où le platonicisme le plus dévergondé avait passé des livres dans les esprits, mais non pas dans les mœurs. Marion Delorme, écrasée par Richelieu dans sa grande voiture rouge portée à bras ! Regardez Marion, saluez Marion la prostituée, et pleurez avec elle ! Pleurez, vous, si chaste et si Anglaise, pleurez sur une passion toute française! Mais *Marion Delorme*, bien que jouée sous la révolution de juillet, ne lui appartient pas en propre. Marion Delorme est fille de la Restauration; elle naquit dans ce bon temps de haines littéraires et de passions littéraires qui nous reportaient insensiblement aux dissertations et aux disputes du café Procope, aux beaux temps du Théâtre-Français. *Marion Delorme* n'est pas plus de la révolution que les *Feuilles d'automne*. Les *Feuilles d'automne* sont écloses sous un ciel plus clément, sous un soleil plus pur, dans une France plus calme. Jusqu'à ce jour,

Victor Hugo, le seul grand poëte qui nous reste, avec Lamartine, n'a rien fait dans la révolution. Attendez-le, pour le juger, à ses nouveaux ouvrages. Attendez aussi M. de Lamartine, voyageur dans l'Orient, aujourd'hui en Grèce, et dont ce matin même je viens de lire une lettre dans laquelle il nous raconte avec des larmes de sang comment il a vu la Grèce à feu et à sang, ravagée et pillée de toutes parts; comment il a reculé d'effroi à la vue de ces ruines qui brûlaient, épouvanté qu'il était de cet incendie inouï, sur une terre qu'il croyait morte, et que la fureur des partis ne trouve pas assez morte encore !

Vous le voyez, la poésie dramatique, la poésie lyrique, ces deux grandes poésies du monde positif, les seules poésies possibles, alors que le poëme épique et l'idylle, les deux extrêmes, se sont effacés complétement du génie des hommes comme n'étant plus dans les mœurs, vous le voyez, le drame et l'ode sont perdus chez nous depuis deux ans : nous sommes sans voix et sans parole, sans parole venue du ciel ; de là est résultée, sans doute, cette fatale uniformité dont vous me parlez dans votre dernière lettre, l'ode et le drame étant le délassement le plus important d'un grand peuple. Ajoutez que l'art supérieur, en s'en allant, a emporté l'art du second ordre. Les ruines du grand théâtre ont étouffé le petit théâtre. Il y avait autrefois à Paris un joli petit théâtre qui était l'affectionné de la mode ; ce théâtre, c'était le Gymnase. J'ai même eu l'honneur de vous y conduire lors de votre dernier voyage à Paris, et vous n'y avez rien compris, tant vous aviez eu, à Londres, un bon maître de français, milady ! Toutefois la mode était au théâtre de M. Scribe. Le beau monde l'avait adopté. M. Scribe avait bâti pour ce beau monde une aristocratie de banquiers, d'officiers, d'émigrés indemnisés, qui plaisait presque autant à la ville qu'elle plaisait à la cour. Il n'y avait plus guère d'aristocrates, en France, qu'au Gymnase ; ce n'était plus que là qu'on entendait les grands noms, qu'on voyait les grandes fortunes ; là qu'on suivait des passions à part dans un monde à part. Après la révolution, le Gymnase est mort tout d'un coup, la foule s'est évanouie de ce lieu comme s'il se fût agi d'une église. Toute cette comédie à part, et faite exprès pour la restauration, s'en est allée on ne sait où, avec les gardes-du-corps, la duchesse de Berry, la duchesse de Guiche, madame du Cayla, M. Sosthène de La Rochefoucauld, madame de Gontaut, que sais-je ? si bien, cela est démontré chez nous, après une monarchie de dix siècles rien ne meurt plus facilement qu'un théâtre de dix ans. Oh pitié ! pitié !

Voici donc qu'il n'y a plus, en France, à l'heure qu'il est, ni tragédie en vers, ni haute comédie, ni comédie de genre, ni mélodrame, grâce à la confusion des genres et à la liberté des théâtres. N'est-ce pas là un digne résultat !

Quant au reste de l'art, je sais bien que vous allez me demander ce que sont devenus ces théâtres tout particuliers à l'usage de la foule qui passe, théâtres bons enfans et sans façon qui ouvrent leur porte à notre oisiveté du soir. Brunet, Odry, Vernet, Lepeintre, tous ces plaisans, niais ou héroïques, qui vous amusaient peu, madame, et auxquels vous préfériez, sans trop de raison, les clown, qui, chez vous, sont chargés de l'intermède. Hélas ! milady, je vous avouerai franchement que de ce petit art je n'ai guère d'inquiétude ni de souci ; il va comme il peut et où il peut ; il s'accommode à peu près de tout ce qui se passe sur les trônes ; et, pourvu qu'il puisse en faire quelque bonne gorge chaude, il pardonne volontiers toutes les usurpations. Cet art de la borne, c'est le vaudeville sans intrigue, le vaudeville au hasard, le vaudeville qui a survécu à tout en France, et qui survivra même à la France. Le vaudeville, espèce de ricanement perpétuel parti du théâtre de la Foire, qui a plaisanté sur toutes les ruines, qui a poursuivi toutes les misères vaincues, qui s'est contenté de toutes les époques, qui, dans les temps de famine, s'est accommodé, pour son paiement, des petits fromages qu'on lui jetait à la tête ; le vaudeville est toujours le même chez nous, aussi immortel que le gamin de Paris. Le vaudeville, c'est le représentant de l'esprit français, c'est le ricanement du Français. Je ne sais pas comment, avec cette manie de tout réduire à la dimension d'un couplet, de mettre en refrain les hommes et les choses, nous avons conservé notre ancienne réputation de peuple d'esprit. Apparemment il est aussi difficile de défaire une réputation d'esprit que de la faire, très heureusement pour nous.

Ainsi, milady, nous voilà restés dans le vaudeville, pour tout honneur littéraire; ainsi de la prose de Chateaubriand nous sommes tombés dans le vaudeville, de la tragédie de Victor Hugo nous sommes tombés dans le vaudeville, de l'histoire de M. Thiers nous sommes tombés dans le vaudeville, pour toute histoire nous avons le vaudeville, pour toute oraison funèbre, le vaudeville ; pour toute comédie, le vaudeville, pour toute poésie nationale, le vaudeville, et, pis que le vaudeville, les épîtres de M. Viennet. Plaignez-nous.

Plaignez-nous! les hommes qui se tenaient dans les chaires publiques, parlant un beau langage, arrondissant la période avec art, innocentes et glorieuses futilités de l'éducation d'avant juillet, la révolution nous les a pris pour en faire des hommes du gouvernement. La révolution a fait un pair du professeur Cousin;

adieu la philosophie de nos écoles! La révolution a fait un pair de M. Villemain; adieu la rhétorique! La révolution a fait chefs de cabinet les auteurs des *Soirées de Neuilly;* la révolution a fait M. Mazères sous-préfet de Saint-Denis, adieu la grande comédie! Le peu que nous avions dans tous les genres s'est placé quelque part, à la guerre, à la marine, aux finances, à l'Institut même pour ceux qui n'ont pu mieux faire, comme a fait M. Viennet; si bien que le monde littéraire reste vide et désert; si bien que l'on se regarde, que l'on se cherche, que l'on s'appelle en vain dans cette nuit profonde. Tout s'efface et s'en va; seulement on a inventé les pantalons garances, les pantalons-bottes, les télégraphes de nuit, les trahisons à prix d'argent, et les cannes à fauteuil; grande révolution et grand siècle!

Le roman seul, dans cette étrange confusion des genres, s'est défendu avec courage. Pendant que le théâtre croulait de toutes parts, le roman faisait un effort désespéré pour rester debout. Ainsi tout le peu de drame qui nous restait s'est réfugié dans le roman :

lisez avec soin toutes les œuvres de nos romanciers ; lisez *Indiana*, lisez *Valentine*, lisez *les Deux Cadavres* de M. Soulié, ce beau livre, et vous vous ferez facilement une idée de la société indécise et malheureuse de notre époque, société sans but et sans plan, sachant à peine d'où elle vient, ne sachant plus où elle va, incertaine et malheureuse, essayant chaque jour de se rattacher à une aristocratie nouvelle, mais ne sachant plus à quelle aristocratie se prendre, depuis que l'aristocratie de l'or lui a échappé comme toutes les autres. La nation comprend confusément combien elle a besoin d'aristocratie ; elle n'a guère fait moins d'accueil au livre de mistriss Troloppe que vous ne lui en avez fait, vous autres en Angleterre. Le plus grand obstacle que la république pourra trouver chez nous, ce n'est pas l'amour de la monarchie, c'est le besoin de luxe, de mollesse, d'oisiveté, de plaisirs savans et délicats. Voyez l'Opéra : au milieu de l'émeute, dans la disette générale, quand la peur était à toutes les portes et dans toutes les âmes, dans ce temps-là même, un immense besoin d'aller à l'Opéra a saisi Paris tout à coup. Le chant et le ballet sont devenus, chez nous, des nécessités du premier ordre. Le *Robert* de Meyerbeer a obtenu un de ces succès inouïs qu'on ne peut expliquer que par des faits politiques. La nation, enchantée de se trouver en présence d'un tel chef-d'œuvre, au milieu d'une révolution, s'est mise à l'applaudir, et à oublier, en l'écoutant, tout le bruit des trois jours. *Robert-le-Diable* est encore, à l'heure qu'il est, le plus noble sujet d'amour et d'enthousiasme qui soit resté aux Parisiens.

La peste même, cette hideuse sensation qui nous a saisis tout à coup au milieu d'une folle nuit de carnaval, n'a pas pu nous arracher aux plaisirs de l'Opéra. Vous avez peut-être éprouvé cela chez vous, milady, quand le vent du choléra a soufflé sur votre peuple, jonchant de morts vos hôpitaux engorgés, défiant à la fois le courage des malades et la science des médecins, souffle délirant et cruel qui nous couvrait d'un voile noir; vous avez peut-être éprouvé cette peur générale; vous savez combien cela est affligeant pour l'âme et redouble les battemens du cœur, de voir tomber tout le monde autour de soi, d'assister au deuil des orphelins, au deuil des mères, plus triste encore, et de voir le char de la mort au galop dans la ville. Eh bien! nous autres, au milieu de cette périlleuse aventure, nous sommes encore allés à l'Opéra. Il m'en souvient encore comme si j'y étais. La foule était grande dans la salle. Tout à coup nous avons vu sortir de la coulissse un homme pâle, sérieux et maigre. L'aspect de cet homme était d'un effet étrange et bizarre; sa longue figure paraissait encore plus longue dans ces temps de désolation; cet homme, c'était Paganini. Il revenait au milieu de nous, pendant la peste, lui et son violon, et nous allions à lui, pendant la peste, nous exposant sans peur à l'humidité du soir, tant il y a de puissance dans cet archet! C'étaient là de ces émotions qu'on oublie trop vite, et que je ne saurais trop vous rendre. Je crois vous les avoir écrites dans le temps; mais, sans nul doute, il y avait de la poésie à se rendre au théâtre dans ces nuits de peste, à passer devant la lanterne rouge des ambulances pour les malades, avant d'entrer sous le lustre étincelant de l'Opéra, à traverser tout le calme de la ville avant d'entendre Paganini jouant *la Prière de Moïse.* C'était un étrange plaisir que celui-là : passer de la civière du cholérique à l'avant-scène de ce beau théâtre, où se faisait cette belle musique : si bien que de ce jour-là je me suis dit : l'art, c'est la grande consolation des peuples qui souffrent et qui ne croient plus ; l'art, c'est la dernière religion des civilisations avancées ; l'art, la dernière espérance des peuples qui n'espèrent plus d'avenir ! Paganini, en effet, au milieu de la peste, c'était une merveille ; Paganini, chantant la prière de Moïse, le jour même où Broussais déclamait ses terribles leçons, c'était une merveille. Quelle journée ! Le matin, vous alliez à l'Hôtel-Dieu, vous voyiez les malades et les morts qu'on emportait, un numéro d'ordre passé au cou pour toute oraison funèbre ; à midi, vous suiviez Broussais, ce grand génie, jetant son œil d'aigle sur ce principe invisible et caché de la peste ; vous restiez là haletant sous sa main, pendant trois heures, tremblant sous son regard et sous sa parole, éperdu, hors de vous, étudiant le moindre battement de la moindre artère de votre corps ; sorti de là, le soir, et pâle encore, vous alliez à l'Opéra entendre Paganini ; quelquefois, quand c'était votre tour, et après l'opéra, vous passiez la nuit à l'ambulance à frotter les cholériques ; le matin, vous alliez à l'émeute, vous voyiez égorger des hommes que le peuple appelait *empoisonneurs*, de pauvres gens qui assouvissaient la brutale et étique colère de la foule ! C'était là vivre vite et beaucoup, milady, n'est-ce pas ? C'était là un mélange inouï de plaisirs et d'angoisses ! Je ne conçois pas comment ce peuple de Paris a pu y suffire, à cette vie de maladie, tout ému et tout fatigué qu'il était encore par sa vie des trois jours ! Il faut que ce soit là un peuple bien fort ! O la mort des villes ! la fièvre dans toutes les veines, les testamens qu'on écrit dans toutes les maisons, les amours suspendues, les veilles de la nuit interrompues par un sommeil inquiet ; le médecin, seule puissance de ce monde qui remplace tous les autres pouvoirs ; l'âme humaine réduite à se replier sur elle-même, et à trembler en dedans ; c'est horrible ! Voilà pourtant comme nous avons été pendant trois mois !

Et vous me demandez, milady, comment il se fait que nous ayons produit si peu, nous autres ! mais il serait plus humain et plus logique de nous demander comment nous avons encore produit toutes ces choses. Le salon de 1830, que vous avez vu, n'est-ce pas une exposition digne de remarque ? La restauration, en s'en allant, pouvait-elle nous laisser un plus excellent témoignage de sa sollicitude pour les artistes ? N'est-ce pas une belle chose que le *Cromwell* de Delaroche, usurpateur au tombeau de Stuart, apparaissant tout à coup au Louvre, trois jours après la révolution qui vient de chasser de chez elle la famille de Louis XIV ? N'est-ce pas un grand effet, ces *Moissonneurs* de Robert, qui jaillissent tout à coup de Rome, pour nous prouver que le soleil est encore plus chaud et plus brillant quelque part qu'il ne le fut, même dans les journées de juillet ? Vous avez vu toute cette exposition, toutes ces dernières heures d'aristocratie dans les admirables portraits de Champmartin et de madame de Mirbel. Vous avez assisté aux grands succès des deux frères Johannot, nobles rivalités en sens inverse; Alfred, pensant à la gloire de Tony, Tony à la gloire d'Alfred; vous vous êtes arrêtée, vous, qui avez vu l'Écosse, sous le naïf et vigoureux paysage d'Édouard Bertin; cette composition si simple et si nette, et si correcte; vous avez regardé avec attendrissement la jeune fille d'Horace Vernet, belle enfant si bien comprise par son père; vraiment, madame, à ce salon il y avait des instans où votre respiration était bien heurtée; il y avait des instans où votre bras pressait mon bras avec une admiration bien sentie, et je vous ai vue bien heureuse le jour où je vous apportai la gravure du *Gustave Wasa* d'Hersent, par mon ami Henriquel Dupont. Eh bien! tout cet art, que vous avez trouvé en France depuis deux ans, il a vécu seul, sans secours, sans protection, sans appui, sans regard venu d'en haut, le regard du ciel! On lui avait promis solennellement une exposition tous les ans; voici bientôt quarante-huit mois qu'il la demande! Attendons au salon prochain la révolution de juillet, nous verrons si cette fois elle sera plus heureuse qu'elle ne l'a été jusqu'à présent.

Jusqu'à présent, madame, savez-vous les bienfaits les plus directs de la révolution de juillet, pour tout ce qui tient à l'art? le savez-vous? Les voici, et vous ne sauriez croire combien ce que je vais vous dire nous a tous affligés, nous autres artistes, gens de poésie et de bonne foi, qui nous attachons aux vieux monumens de la patrie, comme on s'attache à un vieil ami que son âge et ses infirmités vous enlèvent peu à peu chaque jour. Depuis juillet, les vieux monumens sont au pillage; l'impiété et les profanations des démolisseurs n'ont plus de bornes; l'architecture du moyen-âge est gaspillée indignement par les premiers maçons qui osent y poser leurs mains sacriléges. Voyez, milady, à Paris même, à Paris, la ville éclairée, savante, lettrée, poétique, la ville de la presse, notre temple hébreu; à Paris, il n'est pas un monument qu'on respecte. Le peuple est allé à Saint-Germain-l'Auxerrois, le roi Louis-Philippe est allé aux Tuileries; Vandales tous les deux à leur manière! c'est le même dégât de part et d'autre. Voyez! on a démoli l'archevêché à cause de l'archevêque, puis à cause de l'archevêché, on a aussi démoli l'évêché, admirable relique du quatorzième siècle, digne de tous nos respects d'architectes et de chrétiens. Voyez! on menace de raser la chapelle de Vincennes; on construit un grenier à papier entre les tours du Palais-de-Justice; on regratte la tour de Saint-Jacques-la-Boucherie; on coupe en deux l'abbaye de Saint-Germain-des-Prés; on a fait un théâtre, ignoble repaire de vaudevilles et de tragédies, de la charmante et frêle église de Saint-Benoît. Tout y passe. A l'heure qu'il est, après avoir entouré d'un méchant fossé de gazon le palais des Tuileries, il s'est rencontré à Paris un homme assez profane pour construire une manière d'hôtel garni des deux côtés du dôme de la façade du château, bâti par Philibert Delorme. Grâce à cette invention nouvelle, le dôme sera de niveau avec le reste de la toiture. Tout le charme du palais est perdu; tout ce chef-d'œuvre de l'architecture de la renaissance est gaspillé indignement; mais le château y gagnera un salon de plus : tout se compense. Cependant de grands rois s'étaient contentés des Tuileries. Bonaparte lui-même, cet autre Alexandre, que la terre ne pouvait contenir, s'y était trouvé fort à l'aise, lui et son encombrement de rois. En vérité, il faut être bien petit ou bien grand, pour ne pas se trouver bien logé dans le palais de Louis XVIII et de l'Empereur !

Je termine ici cette lettre trop longue, milady; je vous laisse à vous-même tirer toutes les conséquences de ce résumé rapide de notre histoire. Je vous ai fait toucher, autant que je l'ai pu, toutes les plaies de ce pauvre monde moral et littéraire, depuis les succès du vaudeville jusqu'à la réparation des Tuileries. C'est à vous à juger, à présent, si nous avons de quoi nous réjouir, si surtout nous avons encore de quoi espérer.

Quant à ce que nous avons à espérer, qui le dira ? Quels seront désormais les maîtres qui marcheront à la tête du mouvement intellectuel ? Cette fatale année de dix-huit cent trente-deux a enlevé toutes les sommités littéraires, poétiques et philosophiques de l'Europe. Goëthe meurt en Allemagne, après y avoir transplanté tous les progrès du dix-huitième

siècle de la France ; Cuvier meurt chez nous,
après avoir reculé les bornes de la science
autant que cela a été donné à l'homme. Vous
autres Anglais, vous venez de perdre Walter
Scott, l'historien et le poëte-roi de ces deux
royaumes réunis, l'histoire et la fiction, son
Angleterre et son Écosse ; nous portons le
même deuil, nous, les trois peuples de l'Europe : chacun de nous est à genoux devant
une tombe, descendus que nous sommes les
uns et les autres au même déplorable niveau.
En présence de tant de ruines, qui voudrait
s'amuser aux longs espoirs et aux vastes pensées ? Sera-ce vous ?

Mais je m'aperçois que, malgré moi, j'ai
pris un ton quelque peu solennel. Il peut se
faire que je vous aie bien attristée sans le
vouloir. Je vous prie, soyez bonne encore et
pardonnez-moi : ceci est votre faute autant
que la mienne. Me demander l'histoire de l'art
en France, c'était me demander l'histoire de
son bonheur le plus réel, l'histoire de sa
gloire la plus vraie, l'histoire de sa supériorité la plus incontestable. Voilà d'où me vient
tant de solennité dans cet écrit, tant de gra-

vité dans ma parole, et si peu d'épanchement du cœur, même avec vous, Fanny, si belle et si indulgente et si bonne quand vous êtes loin de moi.

LA MODE EN 1832.

PAR

Herbinot de Mauchamps.

LA MODE EN 1832.

Fille du Caprice et des Arts, la mode, légère et colorée comme une bulle de savon qui s'évanouit au moindre souffle, reparaît différente et toujours plus jolie; car elle est belle de sa nouveauté. Orgueilleuse, vainement on veut jeter sur elle le ridicule; c'est elle, au contraire, qui raille et bafoue ses audacieux adversaires.

Enfant gâté de la nature, elle soumet à ses lois le vieillard et la jeune femme, le raide magistrat et l'élégant *Dandy*. Son empire embrasse l'univers. Les moindres comme les plus grandes choses, placées sous l'influence de sa volonté, surgissent ou disparaissent. A sa voix, tout change et se bouleverse; parures, promenades, spectacles, opinions littéraires et politiques, médecine, religion, coutumes et beaux-arts, la reconnaissent pour chef, et viennent, pour ainsi dire, prendre le mot d'ordre de sa bouche riante et gracieuse.

Écrire la vie d'une telle folle, est-ce possible ? j'en doute : tracer seulement, pendant une année, ses mille caprices ; je vais l'entreprendre, sans oser espérer un succès.

Passez donc sous mes yeux, toilettes élégantes, si fraîches hier, si fanées aujourd'hui ; et vous, chapeaux délicieux, sortis des mains habiles des *Herbaux*, des *Célianne*, des *Thomas*, venez me raconter vos triomphes et vos défaites.

Hélas ! soit humeur des hommes, caprice ou nécessité des temps, je ne pourrai décrire ces brillantes parures où la richesse des pierreries étincelantes venait rehausser l'or, les dentelles et la soie. Vainement je demande à la Fortune d'étaler avec faste le luxe de ses diamans, la magnificence de sa toilette, de ses livrées, de ses ameublemens somptueux ; la Fortune, inquiète de son avenir, triste au milieu de ses trésors, ne se montre qu'avec réserve, et n'ose se livrer à toute la fougue de ses désirs, à tout le grandiose de ses vanités. Ballottée sur la mer des révolutions, la

Fortune a vu la vague des événemens, après l'avoir élevée presque jusqu'au ciel, s'entr'ouvrir, et la plonger au fond de l'abîme. Son escadre brillante s'est dispersée; les tempêtes ont frappé le vaisseau amiral; et le pavillon lui-même, emporté par la foudre, a disparu au loin. Maintenant de frêles esquifs, de légères embarcations cherchent à recomposer sa flottille; mais, que de soins, que de manœuvres et de fatigues pour y parvenir! L'armateur semble découragé, le capitaliste craint la mer et ses orages, et les femmes! Les femmes, ces conseillères de bonheur et de prospérités, si désireuses de joies et de fêtes, restent silencieuses, n'osant présager des flots tranquilles et un soleil d'azur.

Ainsi donc la mode, si contente de jeter l'or à pleines mains, forcée d'être raisonnable, affichera, au moins extérieurement, et la simplicité et la réserve. Les fonctionnaires eux-mêmes, et toutes les sommités administratives, ne se couvriront de leurs costumes dorés que les jours d'apparat, affectant ailleurs le négligé bourgeois, le sans-soins de l'homme supérieur occupé d'idées sublimes qui l'absorbent et l'élèvent au-dessus des intérêts terrestres; mais écartons l'enveloppe, et voyons l'homme lui-même. Ce linge froissé avec art, cet habit croisé avec une feinte négligence, et les nombreuses couleurs de ce ruban, qui sort à peine de la boutonnière, sont-ils réellement le résultat d'un esprit vaste, d'une pensée grande et généreuse ? Non : la mode a prononcé ; soudain l'homme le plus vaniteux affecte la prévenance et l'affabilité ; la morgue et le pédantisme se cachent sous les dehors de la politesse : il le faut ; le bon ton l'exige, la mode le veut ; l'obéissance est une nécessité.

Si donc nous recherchons les influences de la mode au moral comme au physique, nous trouvons à l'extérieur un soin tout particulier, pour avoir l'air d'un homme de bonne compagnie, pour paraître issu d'une famille distinguée, pour avoir été accoutumé dès l'enfance à ces manières élégantes et affables qui se transmettent ordinairement de génération en génération.

Les rangs sont confondus par suite des circonstances : oui ; mais c'est un motif de plus pour se faire remarquer ; le moyen est difficile : est-ce par vos fonctions ? Élu d'hier, destitué demain, aucune considération ne peut être attachée à un emploi d'un jour ; et souvent le prédécesseur obtient les égards qu'on refuse à son remplaçant. Pourquoi ? D'abord parce qu'il est d'une belle âme de plaindre l'infortune ; mais aussi parce que le malheur rend modeste, tandis que la faveur gonfle de vanité nos égaux de la veille, et qu'on souffre avec peine cette préférence, qui souvent n'est basée que sur un caprice ou des intrigues de cour.

Ainsi donc au pouvoir la richesse, à l'indépendance la considération.

L'important, aujourd'hui, est d'avoir *une position sociale;* c'est à ce but que tendent tous les vœux. Cette position est relative ; mais elle existe pour chacun, et chacun travaille de tous ses moyens à l'obtenir. De là un mélange incroyable de talens divers, une confusion bizarre de toutes les professions.

En se regardant au miroir, un beau jurisconsulte, un riche banquier se persuade qu'il sera délicieux sous l'uniforme . soudain il laisse croître ses moustaches, va faire des visites dans son quartier, se rend à l'état-major-général, et bientôt sa tête est ornée du *triangle français* (pour me servir d'une expression de l'illustre *Chateaubriand*); à son côté, le glaive effilé est suspendu ; sur ses larges épaules brillent les torsades d'argent, et son bras gauche est décoré du brassart aux longs bouts flottants. Il est officier d'ordonnance! et citadin par goût, ne connaissant la poudre et les batailles que par les manœuvres des chevaux de Franconi; il jouit de toutes les prérogatives militaires dues aux vrais défenseurs de la patrie. Chevalier, officier de la Légion-d'Honneur, rien ne manque à sa gloire, excepté les palmes victorieuses acquises au milieu des dangers, obtenues en combattant les ennemis de la France. Que lui importe ces palmes de la gloire? il en a les profits. D'accord; mais pourquoi un sourire railleur fait-il mouvoir cette vieille moustache noircie, blanchie par la poudre à canon? Pourquoi certaines belles dames, elles-mêmes, tout en vantant la bonne mine du charmant officier, étouffent-elles un soupir, en ne voyant en lui qu'un gentil mannequin, qu'un acteur qui joue son rôle avec talent? C'est qu'une existence militaire ne s'improvise point devant une glace ; c'est que l'habit ne fait point le guerrier.

Ailleurs : je vois un savant devenu homme de cour, tout couvert de la poussière des vieux livres, tout courbé sous le poids des veilles et des longs travaux, il se redresse, et veut prendre les manières d'un marquis. Pauvre sot! Ses pieds, accoutumés aux larges chaussures, ne peuvent se renfermer dans les escarpins à talons rouges; burlesque dans ses saluts, gauche dans son maintien, il devient l'objet des sarcasmes de la foule des courtisans musqués. Chaque geste est une inconvenance; chacun de ses mouvemens cause la chute d'un meuble; ses maladresses sont à l'ordre du jour. Hier, il s'est assis sur un chapeau; la veille, son large pied s'est imprimé sur une robe légère; aujourd'hui, la chaîne de son binocle s'est embarrassée dans le bouton de l'habit du prince, et toutes les bouches causeuses racontent, brodent, et amplifient le facétieux récit de ses mésaventures quotidiennes. Homme de science, regagne ta bibliothèque, c'est ton élément; l'air de la cour est trop subtil pour toi; la mode règne, et de la mode, tu ne sais pas même le nom.

La littérature, la polémique et les beaux-arts, sont aussi devenus des objets de mode et de succès. Autrefois le misérable gazetier gagnait à peine de quoi se garantir de la froidure et de la faim ; aujourd'hui les journalistes sont des capacités du premier ordre. A eux appartient l'éloge et le blâme : c'est dans leurs rangs qu'on choisit les ministres et les pairs de France. Organes (à ce qu'ils disent) de l'opinion publique, ils désignent aux suffrages les hommes de leur choix, et souvent leurs brigues ostensibles l'emportent sur les intrigues occultes du pouvoir. Depuis le tailleur ambitieux qui vient solliciter l'appui d'un journal de modes, jusqu'au ministre, qui, dans *le Moniteur*, rectifie un article du *Journal des Débats*. Tout et chacun ploie et fléchit devant cette puissance nouvelle de la publicité, qui traduit à sa barre, et soumet à ses commentaires la toilette d'une femme du beau monde, comme le Discours du Roi d'Angleterre, à l'ouverture du Parlement; qui comble d'éloges, et indique la race glorieuse du cheval vainqueur aux courses du Champ-de-Mars, avec autant de soin que les titres d'un académicien nouvellement revêtu de l'uniforme brodé en soie *vert-perroquet*.

Jeunes *fashionables*, qui cherchez des bonnes fortunes et des succès dans le monde, le billet parfumé, le petit madrigal, et le nœud régulier de votre cravate, ne suffisent plus pour obtenir et les faveurs des dames et la supériorité sur vos nombreux rivaux.

Aujourd'hui la mode exige de vous, non plus comme autrefois, une tragédie en cinq actes, un tiers de vaudeville, ou une chanson dans l'Almanach des Muses ; c'est un roman bien horrible, un drame sanglant, ou des contes fantastiques qui doivent établir votre réputation de *dandy*. Racontez en style romantique les aberrations de l'amour et des devoirs; produisez sur la scène les actions les plus révoltantes; que votre imagination en délire évoque les puissances du ciel et de l'enfer, qu'elle les transfigure, les souille et les profane; c'est bien ; car la mode vous autorise, et soudain sur tous les théâtres, aux vitres de tous les libraires, vos noms glorieux apparaîtront en lettres gothiques, lisibles seulement pour les yeux exercés aux éditions luxueuses des *Crapelet*, des *Janet*, et autres éditeurs des vieilles chroniques imprimées en caractères de jadis.

Dès lors vous pouvez prétendre à tout : une riche héritière sera trop heureuse de récompenser vos mélodies par le don de sa main. Les portes du conseil s'ouvriront à deux battans devant vos imitations tudesques et shakspeariennes, et peut-être un peuple, dans un moment de presse, viendra-t-il vous offrir, au lieu d'une couronne d'immortelles, les prérogatives et les appointemens de premier fontionnaire de l'État.

Plus modeste, si vous soupirez la romance, que les paroles et la musique soient de vous, et que votre crayon facile l'orne encore d'une gracieuse lithographie.

La pierre lithographique est devenue, en effet, une puissance que la mode encourage et protége. Tantôt moqueuse et sardonique, incisive et amère, rieuse et bouffonne, elle calque les ridicules, décompose les galbes, allonge ou raccourcit les traits du visage, et jette au public avide ses lignes brisées, heurtées, contournées, dans lesquelles on retrouve, en pouffant de rire, des gens de grande importance qui commandent, qui exigent du respect, et dont chaque passant se moque en voyant leurs vanités, leurs injustices, leurs vices et leurs ridicules frappés du stigmate lithographique; invention échappée de l'enfer, espèce de purgatoire terrestre, dans lequel se débattent, furieux, toutes les prétendues notabilités de l'ordre social, tous les pédantismes du jour.

Tantôt élégante et gracieuse, la lithographie, sous les mains habiles des *Devéria*, des *Morin*, des *Menut*, des *Collin*, des *Watier*, et de tant d'autres, reproduit tour à tour et les temps d'autrefois et les temps d'aujourd'hui ; costumes, architectures, paysages, intérieurs, genres gothique ou étranger, scènes morales ou tableaux grivois, tout est soumis à son empire ; tout, sous son crayon délicat, s'empreint d'élégance, de gentillesse, de gracieuseté, de mouvement. Comme la plume, sa rivale, elle suit les changemens de chaque jour, raconte les modes, reproduit les tableaux des grands maîtres, orne les parois de nos demeures, remplit nos portefeuilles, et sert de modèle à nos enfans, quand, régulière, elle retrace avec une illusion parfaite les contours et les ombres d'un dessin dû au crayon d'un habile professeur.

La lithographie n'est pas la seule qui ait su se faire un nom et mériter *la vogue*, mot bizarre et mystérieux que la mode jette, pour récompense, à ses plus chers favoris. La sculpture, ordinairement reléguée dans les Musées, dans les galeries seigneuriales, s'est rendue populaire en réduisant au cadre de la miniature ses formes colossales. Honneur à vous, jeune *Dantan;* votre ciseau, bouffon avec grâce, et surtout ressemblant, a, comme la caricature, offert nos célébrités d'artistes aux regards des amateurs.

Hommes et femmes, chanteurs et musiciens, peintres et littérateurs, je vois sur la place de la Bourse et derrière les vitraux de *Susse,* le papetier, vos bustes grotesques, avec vos noms écrits en style de Rébus. Décorateur de l'Opéra, ton nom m'est indiqué par ces caractères hiéroglyphiques : 6. R. i. (*Ciceri*); et toi, chanteur boursoufflé, mais compositeur aimable, dont le nez était un problème, je te devine en voyant sur le socle de ton buste un paon et ce rond (*Panceron*) qui te fait reconnaître. Illustre *Rossini*, célèbre *Paganini*, et vous, *Hugo*, et vous, *Dumas*, et toi, *Casimir Delavigne*, que j'aime comme ancien camarade, que j'honore comme poëte national, vous tous, gloire de notre littérature, nous pouvons, grâce au talent flexible de *Dantan*, posséder vos traits, et nous inspirer de vos visages animés du feu du génie.

Mais c'est assez parler des beaux-arts : venons à vous, objets de notre culte, de nos adorations, de nos respects, de nos égards, à vous, femmes belles et bonnes, compagnes de prospérité comme d'infortune, prêtresses de la mode, quand les joies et les folies sont à l'ordre du jour, entourant l'autel de Minerve, quand l'aiguille procure un délassement à vos idées mélancoliques ; à vous les honneurs cette année. Jamais, peut-être, vous n'avez autant cultivé la littérature, les beaux-arts et ces mille petits travaux, ces riens charmans qui naissent délicats, frais, enchanteurs, sous vos doigts souples et exercés.

Aux champs, l'horticulture, l'herborisation, l'étude des plantes usuelles et médicinales, la culture complète des roses et de leurs variétés occupent vos momens. Là, c'est un herbier à la riche reliure qui contient des espèces rares et exotiques. Ici, c'est un cadre gothique, orné de fleurons, de dorures, et renfermant les mille papillons que, dans vos courses légères, vous et vos jeunes amies avez su saisir, dans la gaze de votre filet. Plus loin, j'aperçois sur un chevalet élégant, formé de serpents en acajou, un paysage qui représente les environs de votre demeure et le site pittoresque où vous aimez à rêver et à peindre. Plus près de moi sont des fleurs et des fruits d'une vérité parfaite, et gouachés avec un talent plutôt d'artiste que d'amateur. Bien, jeune fille, la fortune et la misère sont voisines; un talent calme l'inquiétude, il vous sourit dans le bonheur, il vous console dans l'adversité.

Ce piano sonore devient mélodieux sous vos savans accords, et vos inspirations harmoniques ne seront point passagères et fugitives; initiées aux secrets de la composition musicale, vous savez écrire un accompagnement, une romance, un air varié, un contrepoint; et non-seulement vous exécutez avec la rapidité des *Hertz* ou des *Moschelès* les morceaux les plus difficiles, mais vous les composez, mais vous les traduisez dans la langue orphéique des *Mayer-Beer* et des *Rossini*. Tant mieux, jeune amie de la belle musique, aux Bouffes et à l'Opéra, votre ame tressaillera de plaisir aux accords savans et doux de nos compositeurs, et vos battemens de mains, et vos transports involontaires seront d'autant plus flatteurs, qu'ils naîtront de votre connaissance, des effets de l'harmonie et de votre instruction musicale.

Actuellement expliquez-moi, je vous prie, pourquoi tous ces métiers de diverses grandeurs, et chargés de canevas? L'un est tendu pour terminer un meuble en *petit point*, qui doit recouvrir des fauteuils et des chaises sculptés dans le genre gothique; l'autre soutient un châle de cachemire uni ou une écharpe de crêpe de Chine, entourés d'une large guirlande de fleurs brodées en soies aux couleurs vives; sur celui-ci, est une robe en *chaly*, également brodée; sur celui-là, un petit coussin de pieds. Celui de droite, couvert en satin, doit reproduire, en soies nuancées, ce joli paysage qui sert de modèle, et formera un écran délicieux; celui de gauche, en velours, brodé d'or et d'argent, avec chiffre, lettres gothiques et armoiries, doit faire un riche couvre-pieds.

Mais, quittons ces métiers, et voyons ces autres jolis ouvrages : ces bourses en filet de toutes couleurs et de toutes formes; ce tulle qui, brodé, deviendra un voile charmant; ce canevas de tapisserie, qui se transformera en bonnet grec ou en pantouffles turques; et ces vases dans le genre étrusque. Ils sont dus au talent d'une amie. Appliquant avec adresse des fleurs de Perse et de l'Inde sur le bois uni de ces vases, et le recouvrant avec un brillant vernis, elle a imité l'émail de la Chine et de la Saxe. Ces boîtes, ces coffrets, ces petits guéridons, qui ressemblent si parfaitement au laque précieux, sont encore le produit de l'industrie des dames à la mode. Sur cette table en bois de Spa : vous voyez un paysage habilement décalqué et verni. Ces fleurs en cire sont l'œuvre de votre adresse ; ces cordons de sonnettes, ces ceintures, ont été brodés par vous. Mais, à quoi peuvent servir ces nombreux pains à cacheter que renferme cette jolie boîte ? à faire des fleurs en tout genre, des bobèches de flambeaux, des bordures de coussins de lampes. Cet élégant panier se compose de lacets en soie, de rubans et de velours tressés ensemble. C'est le présent d'une amie qui, adroite, sait enlacer artistement ces divers rubans, et former avec symétrie des losanges et des quadrilles réguliers.

Maintenant, permettez-moi de décrire ce costume du matin, si frais et si élégant. Que j'aime ce bonnet de lingère, dont l'auréole de dentelle est soutenue par des rubans de gaze brochée ou satinée, découpés et dentelés avec art ! Que j'aime ces larges rosettes, placées par la mode, pour orner cette gracieuse coiffure, qui donne à la physionomie une piquante vivacité ou un petit air maladif, si langoureux et si intéressant! Parfois cette riche dentelle est remplacée par un tulle uni, gauffré à tuyaux souples et réguliers. Ce gauffrage est souvent le produit de vos soins; et des tuyaux de paille, artistement placés entre le tulle humide et tendu, lui donnent cette forme cylindrique. Ce peignoir en jaconnas, à schall rabattu, brodé et bordé d'une maline froncée, laisse apercevoir une jupe de même étoffe, ornée d'une riche broderie triangulaire, et formant un obélisque dont la base garnit la partie inférieure de la jupe, tandis que la pointe s'élève jusqu'à la ceinture. Et ce fichu à triple collet, dont le tissu de l'Inde, si clair et si transparent, est encore surchargé de broderies et de dentelles, comment en décrire les contours? lorsque tantôt il est découpé à larges festons arrondis ou dentelés en pointes aiguës, et tantôt échancré si habilement, qu'il figure les créneaux d'une tour.

Ah! tout disparaît devant ce charmant tablier de moire, si frais, si brillant, entouré d'une large guirlande de fleurs brodées en soies de couleurs éclatantes. Autrefois cette broderie somptueuse eût décoré le couvercle d'une corbeille de mariage; aujourd'hui elle paraît toute simple sur ce tablier de travail. Qu'il est joli! Les ondulations de la moire donnent encore plus de vivacité à ces belles fleurs; tout en est élégant, jusqu'à ces petites poches plissées régulièrement, et fermées par une patte comme un riche portefeuille.

Mais vous avez sonné, vous avez demandé vos chevaux, et déjà votre camériste fidèle remplace le négligé du matin par une toilette de promenade. Est-ce le gros des Indes, la moire ou le gros de Naples uni qui composera la redingote que vous allez choisir? Aurez-vous une robe en *chaly* souple et moelleux, orné de larges bouquets ou de longues guirlandes de fleurs imprimées en mille nuances diverses? Préférez-vous le gros de Naples rayé, imitant le coutil, ou à carreaux, comme le guingamp? ou bien encore l'étoffe de Lyon, brochée de petits dessins, de feuilles ou de fleurs damassées sur un fond uni? Au reste, qu'importe l'étoffe, pourvu que la robe, habilement coupée, forme autour de la taille ou de petites fronces régulières, ou de larges plis creux qui marquent bien les hanches, et fasse ressortir le svelte du corsage. Quant aux manches, leur ampleur excessive, de l'épaule au coude, est dissimulée par l'immense pèlerine qui, simple ou double, ronde, ovale, à pointes ou carrée, mais à longs bouts arrondis, croisés et passés sous la ceinture, cache entièrement le corsage, juste et en guimpe, à plis croisés ou drapés *à la Sévigné*. Mais non, c'est une robe blanche de mousseline anglaise, à raies ou à carreaux mats, sur un fond clair; ou bien une mousseline Perse à grands ramages, en couleurs, parsemée de fruits et de larges fleurs peintes. Les manches alors, dans leur immense volume, sont coupées par deux petits bracelets et froncées de l'épaule au coude sur leur largeur; justes ensuite du coude à la main. Si c'est ce costume printanier que vous choisissez, votre tête va se couvrir du chapeau de paille de riz, sur lequel se balance avec grâce une longue branche de lilas Warin, ou que surmonte un bouquet de jacinthes, de jonquilles et de narcisses. Si la paille d'Italie compose votre coiffure, trois longues plumes blanches implantées au bas de la forme, par-devant, vont figurer le cimier des armes d'Angleterre, et se relever flottantes et vacillantes au moindre souffle du zéphyr.

Marabouts au duvet léger, votre règne est passé; la mode a soufflé sur vos aigrettes mouvantes, et vous avez disparu des promenades, des spectacles et des brillantes assemblées.

Plus noble et plus riche, l'oiseau de paradis a conservé son empire; son diadème doré, sa queue, souple et nuancée, cintre encore, éclatante, au-dessus du chapeau comme au-dessus de la toque et du turban.

Mais, quel est ce petit chapeau, si exigu dans sa forme, si grotesque dans tout son ensemble? C'est le caprice de la mode; c'est son enfant chéri, bien gâté, bien ridicule; et qu'importe? sa mère la doté de *la vogue;* et soudain tous les autres chapeaux sont rejetés avec dédain dans le carton. Vainement la raison et le goût se récrient, on s'occupe bien de leurs clameurs. Toutes les tendresses sont pour le nouvel enfant de la mode, et bientôt cent marraines l'ont décoré du beau nom de *Bibi.*

Viens donc, toi qui, mesquin dans ta structure, vas l'emporter sur tes nombreux rivaux; leur passe évasée, immense, renversée, se racourcira peu à peu, et finira par se réduire à rien pour te ressembler.

Bibi, objet d'affection, d'idolâtrie, pour ces petits visages chiffonnés, si colorés, si frais, si mignons, viens recevoir leurs éloges; et, pour augmenter ton triomphe, place-toi au-dessus de ces *bonnets-poupards* inventés pour ta gloire et l'humiliation de tes adversaires; mais ne te crois par à l'abri des sarcasmes et des railleries : regarde ces belles figures aux traits fins et réguliers; avec quel mépris elles t'essayent, avec quel dégoût elles te jettent, pour te reprendre encore et pour te maudire, car tu les enlaidis ! Oui, tu gâtes l'harmonie des lignes grecques qui composent ces galbes enchanteurs, et cependant forcés d'obéir à la mode; ridicules si elles résistent, disgracieuses si elles suivent ses ordres absolus; ces femmes charmantes se défigurent en adoptant le *bibi* que la vogue place d'autorité sur toutes les têtes.

Courbez-vous donc, élégantes de tous rangs, sous le joug du *bibi;* et vous, modistes de bon goût, criez anathème sur l'enfant bâtard de la mode; mais dociles, façonnez chaque jour l'objet de votre haine et de votre dédain.

Est-ce seulement le matin que le *bibi* sera de nécessité ? non : le soir au spectacle, au concert, il sera de bon ton, et même à l'Opéra, au milieu des toilettes brillantes, l'audacieux viendra placer sa figure de lucarne aux premières loges ou au balcon.

Bibi de malheur! toutes les étoffes ont rivalisé pour te créer une existence. Ce n'était pas assez de la soie, la paille, tressée en *sparterie* à jour, est venue s'assouplir pour toi; et le *carton de Bristol* lui-même, en singeant la paille d'Italie et de riz, t'a prêté son raide tissu pour couvrir la tête légère de la figurante des boulevards.

Qui l'aurait pensé! Les plumes nobles et onduleuses ont été condamnées a se balancer au dessus de ta forme écrasée, pointue, savoyarde. Pauvres belles plumes, quelle honte! Il me semble voir une fraîche jeune fille à la taille svelte et souple, soutenant son époux, vieillard cacochyme, au dos voûté, à la jambe traînante.

Et combien durera ton existence, *bibi* insupportable? Déjà l'hiver est de retour, et ta forme biscornue vient encore choquer nos yeux. Prenant la tournure de ces cornets de pâte légère que les enfans nomment *des plaisirs*, tu es parvenu à l'excès du ridicule. Est-ce l'instant de ta mort? Je ne te veux pas de mal, au fond; mais depuis long-temps tu possèdes *la vogue*. Allons, disparais.

Hâtez votre toilette, belle dame; vos chevaux gris-pommelé piaffent avec impatience au brancard de cette large calèche aux couleurs sombres, et qui succède à ce petit coupé jaune, attelé *à la Daumon*, et si à la mode l'an dernier. Maintenant de brillantes armoiries de cuivre ne décorent plus les harnais des chevaux, la livrée somptueuse ne couvre plus votre énorme cocher. Sur ce siége de devant comme sur celui de derrière, je ne vois que des domestiques en petite livrée de fantaisie, en drap brun, bleu ou vert, avec galon d'or ou passe-poils ponceau; chapeau rond en feutre avec bourdalou doré. L'intérieur de votre calèche est garni en maroquin bleu ou violet; et s'il l'est en drap gris ou blanchâtre, une belle Perse à fleurs et à rosaces le recouvre pendant les chaleurs. Du reste, rien ne manque à ce bel équipage, ni les ressorts elliptiques qui supportent la caisse et les soupentes, ni les siéges des domestiques, suspendus comme la voiture, ni les paracrotes, qui garantissent de toute éclaboussure. Partez donc, belle dame, vos deux laquais attendent; et la nourrice, et la bonne, et les jolis marmots sont déjà placés sur le devant de la calèche. Où va madame? — *Au bois*. Et bientôt la voiture est entourée de cavaliers *dandy*, faisant d'une main caracoler leur cheval anglais ou andaloux, et de l'autre saluant avec grâce, en inclinant la cravache ou le fouet.

Le bois de Boulogne est le rendez-vous de la haute compagnie; c'est le Tortoni des femmes du monde. Là, elles apprennent les nouvelles du jour, les désastres de la Bourse et les succès de théâtre et de tribune, soit qu'enveloppées d'un grand manteau garni d'hermine ou de renard noir, le cou entouré d'un chaleureux boa, et les mains cachées sous un énorme manchon de martre zibeline, elles affrontent la bise et la froidure, soit que, parées d'une écharpe de gaze légère, elles respirent avec délices les émanations de ce bois odorant, elles marchent rapides ou nonchalantes, et rencontrent à chaque minute des connaissances et des amies avec lesquelles on échange le salut de rigueur, et ces petits mots qui, sans conséquence pour les indifférents, sont compris et servent de rendez-vous aux favoris des belles et du sort.

Déjà la file des voitures a repris le chemin de la capitale. Cinq heures ont sonné; une toilette nouvelle doit succéder à celle du matin. Le dîner vous réclame; hâtez-vous. La robe de velours bordé de fourrures, celle en *chaly* ou en cachemire à colonnes de fleurs, ou la moire drapée avec art sur la poitrine, ou le gros de Naples, orné d'une large broderie de fleurs à la jupe, aux manches, au corsage, composeront les costumes. Le turban mohabite ou indien, en tissu cachemire, ou en imitation imprimée, la toque de satin ou de gaze plissée en auréole, et surmontée d'un héron ou de deux esprits blancs à pieds noirs, celle en velours ou en moire à grande passe, et décorée de longues plumes tournées en spirales, voltigeant au-dessus de la tête, retombant vacillantes près de l'épaule, et caressant un cou d'albâtre, formeront les coiffures.

Mais le repas s'achève, le dessert est servi; les drageoirs et les corbeilles de fruits entourent le surtout chargé de fleurs. Les assiettes de cristal, décorées d'armoiries en émail, reflettent les bougies diaphanes, les vins français et étrangers pétillent dans les verres taillés à pointes de diamans; enfin, on se lève et l'on passe au salon.

Bientôt les voitures se font entendre: les laquais annoncent à haute voix les noms et les titres de tout ce que Paris renferme de *merveilleuses*, de *fashionables*, de *ladys*, de *beaufils*. L'orchestre harmonieux et bruyant exécute les airs des *Mayer-Beer*, des *Rossini*, des *Boyeldieu*, des *Aubert;* le bal commence, ou plutôt une foule de jolies femmes et de cavaliers ondulent, et se meuvent, heurtés et pressés, essayant de figurer une contre-danse, une walse ou *une galope*.

Belles toilettes si fraîches, que je vous plains! ces bouquets de fleurs tant gracieusement posés de biais sur cette jupe de crêpe ou de blonde, et retenus par des rosettes à longs bouts flottans, vont s'écraser, sans doute, au milieu de ces masses de monde, trop nombreuses, malgré l'immensité des appartemens; mais non, les danseuses, adroites, se glissent de côté entre les groupes qui les entourent, et reparaissent brillantes comme à leur entrée au bal.

Que j'aime à voir les ondulations de ces jolies têtes, ornées de fleurs, de plumes, de rubans : l'une me rappelle ces coiffures grecques et romaines, dont les nombreuses nattes enroulées forment un cône ou une *fusée* d'où s'échappent des cheveux tournés en spirales, et se balançant, mélangés, avec les rubans de gaze qui surmontent la coiffure ; l'autre, au moyen d'une natte de cheveux tressés à jour, forme une couronne sur le sommet de la tête, tandis que sa chevelure, lissée avec soin, s'avance et cintre en bandeau jusque auprès des sourcils. De chaque côté une large natte, décrivant un demi-cercle, descend du haut de la coiffure, couvre une partie de l'oreille et remonte se cacher sous la couronne. Tantôt un rang de perles blanches suit les divers contours des nattes et des cheveux, tantôt des agrafes en brillans ou des bracelets d'or réunis forment une espèce de diadème, et du haut de la coiffure s'élèvent des plumes blanches ou roses qui se meuvent gracieuses au-dessus des pierreries étincelantes. Sur le front blanc et doux des jeunes filles, je vois une petite sardoine-onyx gravée en creux ou en relief, une tresse d'or d'une finesse extrême retient le précieux *Nicolo*, et toutes les femmes à la mode veulent avoir une *Féronnière* pour être aussi jolies que la belle maîtresse qui donna son nom à cette coiffure.

Hommes de la *jeune France*, un mot, je vous prie : d'où vient le noir complet qui compose votre costume? L'habit et le pantalon, soit ; mais le gilet, boutonné jusqu'en haut ; mais la cravate à large rosette ; et cette absence de col autour du visage ; comment expliquer la couleur sombre de votre toilette ? Quoi ! je ne verrai plus les larges plis de cette chemise en batiste si fine, et les légers tuyaux d'un jabot vacillant ? La cravate de mousseline blanche est repoussée ! Les idées tristes et folles qui obscurcissent vos esprits inquiets viennent-elles rembrunir la nuance de vos vêtemens ? Ce pantalon de drap de soie demi-collant va bien avec ces bas à coins brodés, ce gilet de moire ou de cachemire, orné de broderies en soie, est élégant, et cette cravate de velours ou de satin est brillante ; mais pourquoi tout ce noir ? et pas un pouce de ce linge remarquable autrefois par son éclatante blancheur ! Si : je me trompe ; un demi-pouce compose la manchette rabattue sur le parement de l'habit, et c'est tout ; la mode le veut ainsi. D'ailleurs, cette sombre toilette est en harmonie avec la jeune moustache qui couvre votre lèvre supérieure, avec les longs favoris qui se joignent jusque sous votre menton. Jadis, un cri d'horreur se fût élevé, en voyant au milieu d'un bal des jeunes gens à la barbe longue et touffue ; on eût appelé au secours tous les barbiers des environs ;

aujourd'hui nos jeunes hommes, avides de pouvoir, et se rappelant ce vers de Molière :

Du côté de la barbe est la toute-puissance.

se montrent dans les salons avec barbe et moustaches à la Charles IX ou à la Henri III.

Mais les hommes de la *jeune France* ne sont pas les seuls qui portent la barbe demi-longue : une secte, aussi bizarre dans son costume que pittoresque dans ses rêveries métaphysiques et gubernatrices, les *Saint-Simoniens* ont apparu cette année, et la mode a fait affluer à leurs prédications sérieuses ou bouffonnes l'élite de la société. Chacun a voulu voir en longue barbe, en tunique blanche, en petite redingote bleue, le cou entouré d'une grande écharpe de cachemire, les reins serrés par une large ceinture de cuir noir, la tête demi-couverte par une toque de troubadour, le *père Enfantin*, qui s'est *posé* chef de la religion *saint-simonienne*, et qui a été *acclamé* par *ses fils*. Autrefois le *père Enfantin*, ancien élève du Lycée Charlemagne, était un négociant estimable ; mais un jour il se réveille en criant : *A chacun selon sa capacité, à chaque capacité selon ses œuvres* ; et soudain une foule de jeunes hommes de mérite, mais aux idées vagabondes et désordonnées, se groupent autour de lui, apportent à ses pieds leur fortune, celle de leur femme, de leurs enfans, et, revêtus du même costume, prêchent avec lui la parole, soi-disant laissée par le comte *Henri de Saint-Simon.*

Un moment ils ont eu la vogue. Dans les salons, aux théâtres, à la tribune, ils ont occupé un instant. On voulait vous voir et vous entendre, père *Duvérier*, si remarquable, si beau, si éloquent sous les habits *saint-simoniens;* et vous, père *Simon*, homme d'honneur et de probité, logicien habile, discutant avec talent et bonne foi; et vous, père *Barrault*, prédicateur par excellence; et vous, *Michel Chevalier*, aux idées grandes, aux conceptions gigantesques; et vous, *Carnot, Transon, Fournel, Bau,* avocat plein de feu, *Guéroult*, mielleux et timide, et tant d'autres, doués de talens divers. Puis, sur vous l'adversité a soufflé; vous vous êtes retirés sur la montagne de *Ménilmontant*, et la mode a oublié vos belles têtes barbues qu'elle avait admirées un soir à l'Opéra.

Revenons à vous, hommes à la mode, *fashionables* et *dandy* du monde élégant; laissez-moi pénétrer dans vos délicieuses demeures;

ouvrez-moi la porte de ce boudoir asiatique cachée par cette pente en velours bordée de galons et de crépines en soie et or. A demi couché sur ce divan à la turque, le coude appuyé sur de moelleux coussins, vous fumez avec délices le tabac de la Havane. Quel bizarre mélange compose votre costume : sur votre tête, le bonnet grec, en cachemire, brodé d'or et de soies éclatantes; puis, la robe de chambre en velours doublé en satin. Le pantalon à pied et les pantoufles en point de tapisserie. Sur cette console : je vois une boîte renfermant des pistolets à double détente, si nécessaires pour montrer votre adresse au tir; et ce fusil de chasse avec lequel, à *Tivoli*, vous abattez d'un coup si prompt ces pauvres pigeonneaux, mis à mort uniquement pour vous faire gagner un pari de quelques vingts louis. Là sont suspendus vos fleurets; et vos épées, malheureuses, si jamais elles se sont teintes de sang. Ces planches en bois de citronnier, accrochées à la tenture de soie brochée, tiennent à votre portée les romans nouveaux, les drames terribles, les mélodies, les harmonies de nos modernes Anacréons, ou les contes bruns, bleus, maritimes, ou fantastiques de nos célébrités du jour.

Que j'aime, près de ce joli foyer de marbre, ce grand fauteuil à bras garni en maroquin ou en velours, si parfaitement disposé pour délasser de toute fatigue, et vous plonger dans un doux repos ! Que j'aime la forme arrondie de ces petits fauteuils en bois d'érable, ornés d'incrustations en ébène ! Que ce tapis surchargé de rosaces et de dessins gothiques est de bon goût ! Que cette garniture de cheminée en bronze est simple et distinguée ! Que ces figurines sont élégantes ! Que cette table à trois pieds est riche, par le marbre mosaïque qui en forme le dessus ! Et ce secrétaire à serrure invisible; il renferme les illusions de l'amour, les triomphes de la vanité, les erreurs du plaisir ; et ces portraits, gages dangereux accordés par l'imprudence, aux prières de la tendresse ; et ces correspondances, pleines de feu comme l'orage, mortelles comme la foudre, si l'indiscrétion la fait éclater. Que ne m'est-il permis d'ouvrir quelques-unes de ces lettres brûlantes d'égaremens, folles de vains projets ! Elles m'indiqueraient d'où viennent ces boucles de cheveux, ces bouquets fanés, mais conservés avec soin, ces bagues, ces flacons, ces portefeuilles, ces bijoux de tout genre, qui, disposés avec ordre et symétrie, encombrent les nombreux tiroirs. Ah! qu'un voile mystérieux cache ces histoires du cœur, ces rêves fantastiques d'une âme aimante ou d'une imagination en délire! Respect aux passions.

Comment allez-vous passer la journée, beau jeune homme? Après un déjeuner où les truffes et le champagne n'ont pas été oubliés, vous adressez aux dames de votre connaissance l'élégant bouquet de madame *Prévot*, sœur de l'illustre *Chevet*, aux comestibles savoureux; puis vous faites un tour à la Bourse, aux Chambres; ou mieux encore, vous accompagnez dans ses emplettes la belle dame qui, dans les magasins de *Delisle*, veut bien consulter votre goût, et souvent s'y conformer. Heureux mortel! et heureuse femme! dont l'existence est un long jour de fêtes, de toilettes et de plaisirs. Répétons-le cependant, les parures n'occupent point seules tous les instans d'une vie de femme: tantôt, compatissantes, elles vont chercher et soulager le malheur dans la mansarde qu'il habite; tantôt, courageuses, et bravant le fléau destructeur qui étend partout son voile funèbre, elles soignent les malades, et transforment leur somptueux hôtel en un hôpital bienfaisant. Le *choléra*, dans sa marche terrible, ne les effraie pas, ces femmes, si craintives, et souvent si timides; une noble récompense, les bénédictions de toute une famille, les attend, et soudain avec calme, avec courage elles affrontent le danger.

Amies des arts et de la littérature, elles vont encourager l'artiste au milieu de ses travaux; elles visitent le peintre et le sculpteur dans leurs ateliers, le poëte, le savant dans sa bibliothèque; et connaissant, enfin, le prix de l'instruction, elles s'efforcent à leur tour d'en acquérir.

Alors elles aussi prennent la plume ou le pinceau; elles aussi font entendre la pensée de leur âme, le cri de la tendresse maternelle, les joies de l'amour qui enivrent, ses tourmens, qui tordent le cœur; et ce long supplice d'un mariage sans affection; et ces regrets amers d'une fille seule au monde, quand son sang, quand tout son être demande à ce monde un époux. Ah! redites-nous les émotions de vos nobles cœurs, femmes, si injustement partagées dans la répartition arbitraire des droits, des priviléges, des avantages sociaux. Demandez avec ce calme qui persuade, exprimez vos plaintes avec cette verité qui touche; soyez patientes, mais courageuses; réclamez et suivez les progrès de la civilisation; on ne saurait plus long-temps vous refuser ce que l'impartialité fait un devoir à la force d'accorder à tous instruction, justice, égalité.

La mode doit signaler l'apparition d'une feuille nouvelle. Le *Journal des Femmes* a été créé sous les auspices de madame *Fanny Richomme*, et dans ce Gymnase littéraire on retrouve les noms les plus distingués parmi les femmes qui s'occupent de littérature et de poésie. Nous citerons, entre autres, mesdames *Aragon*, *Louise S. W. Belloc*, *Sénancour*, *Ségalas*, *Amable Tastu*, *Céleste Vien*, *Élise Voiart*, *Waldor*, etc., etc. Si des nouvelles légères et remplies d'intérêt, si des articles instructifs, écrits avec esprit, si des poésies touchantes et gracieuses peuvent assurer le succès de ce recueil, nous lui prédisons *vogue* et prospérité. Si des lithographies charmantes, échappées aux crayons des *Devéria*, des *Colin*, des *Menut*, des *Arnoult*, des *Thomas*, viennent encore embellir cette publication; si l'on y rencontre tout à la fois et le compte-rendu des pièces et des ouvrages nouveaux, et des secrets de toilette et des articles de mode, et des procédés culinaires, et la description instructive des jolis travaux de femme, ce recueil deviendra le Journal nécessaire, indispensable, de la jeune femme à la mode, comme de la mère de famille; toutes deux y trouveront ce qu'elles désirent, esprit, variété, instruction.

Maintenant, chère lectrice et cher lecteur, ici se borne le cercle étroit de ma narration bien incomplète. Ma plume, impartiale, a essayé de retracer ce que la mode a fait surgir pendant une année; prétendre indiquer quels seront ses caprices futurs, me semblerait une témérité au-dessus de mes forces.

Adieu donc, *mode* inconstante et légère; je jette ma plume au vent qui te fait voltiger, trop heureux si plus tard je puis la reprendre, et, narrateur fidèle, raconter encore tes mille folies, tes mille transformations.

CHRONIQUES

DU

MONDE FASHIONABLE.

LE PEINTRE,

NOUVELLE.

Il est nuit ; une nuit longue et morne de décembre.

Le jour triste d'une lampe, s'échappant à travers l'épaisseur de son globe de verre, répand à peine une sorte de crépuscule dans le sombre atelier dont les profonds recoins servent d'asile à une foule d'objets, revêtus, par cette demi-obscurité, de fantastiques apparences : — figures de bois, de pierre ou de plâtre, dont l'immobilité semble parfois s'animer aux rayons tremblotans du vague luminaire ; — armes qui rendent lueur pour lueur, et renvoient des éclairs d'acier ; — meubles antiques, vêtemens jetés sur les dossiers sculptés ou les hampes de piques comme des robes de fantômes ; — masses inextricables que l'œil ne saurait détailler ni comprendre.

Plus près de la lampe, sous une plus vive lumière, appendent, au lambris, des eaux-fortes de vieux maîtres, des esquisses à l'huile hardiment ébauchées; des copies réduites de la *Sainte-Famille* de Raphaël et de son archange vainqueur, à côté des planches sèches et nerveuses d'Albert Durer; le docteur Faust, de Rembrandt, contemplant le signe du microcosme qui flamboie sur les vitraux, auprès des colossales créations de Martin, plus terribles et plus sublimes à cette clarté si propice à leurs perspectives infinies comme à leurs puissantes oppositions.

Au milieu de la pièce, sur une petite table en bois noir, plaquée de cuivre à ses quatre angles, un jeune homme est accoudé devant une Bible, édition de 1581; mais les figures bizarres ne fixent pas ses regards préoccupés.

Une longue chevelure brune encadre son visage pâle : ses pommettes saillent de ses joues creusées par la pensée ; une légère moustache ombrage ses lèvres ; un flocon de barbe triangulaire allonge son menton amaigri ; mais un coup d'œil sur cette physionomie sérieuse et méditative éloignerait promptement tout soupçon d'affectation à l'égard de cette singularité, qui n'en est plus une pour personne.

Son œil, brillant d'une exaltation fébrile, se reporte lentement des têtes radieuses et célestes de la vierge et de l'archange au lugubre Balthazar, aux infernales splendeurs du Pandémonium.

—Raphaël, Raphaël, s'écrie-t-il enfin dans une douloureuse extase ; vit-il donc d'une vie réelle parmi les créatures de Dieu, cet ange glorieux aux cheveux d'or, pour s'être ainsi révélé à toi dans les merveilles de la vision nocturne, ou plutôt n'es-tu pas toi-même un de ses frères égaré parmi nous, toi qui as disparu si jeune et si beau d'entre les vivans? Le ciel t'a envié à la terre, peintre d'Urbino ! Le ciel a eu raison : tu devais être impatient d'aller rejoindre tes modèles, d'aller t'abreuver à cette source immortelle de poésie, d'où l'art s'était élancé dans sa florissante jeunesse

— Il y est remonté ! — Tu es grand aussi, John Martin, mais ta grandeur est sinistre et funeste ; ton effort colossal est la formidable convulsion du géant à l'agonie, ta voix est le grand cri qu'il jette avant d'expirer ! — L'un, simple, lumineux, divin, éblouissant d'une beauté pure comme l'espérance ; l'autre, obscur, impénétrable, épouvantant l'âme comme le désespoir ! — Oui, ce sont bien l'alpha et l'oméga, le commencement et la fin, la Genèse et l'Apocalypse ; après quoi, plus rien ! — La fin du monde ! — La fin de l'art ! — Oh ! pourquoi suis-je venu dans ces jours de décadence ? Alors que le souffle d'en haut ne s'était pas encore retiré de ce misérable globe, que l'astre des beaux arts inondait l'étendue de ses feux, j'eusse été peintre aussi ! — Car j'avais du génie, et il languit aujourd'hui : il voit avorter ses larges conceptions sous ce pâle soleil qui ne peut les mûrir ! L'inspiration se retourne contre moi et me dévore : comme ce poëte qu'un tyran avait privé des organes qui font communiquer l'homme avec l'homme, je mourrai incompris, infécond ; car l'homme ne peut rien sans regards sympathiques qui l'encouragent, sans mains ardentes qui l'applaudissent. — J'en ai tant, des idées! et je ne puis créer! une main froide, une main de fer est sur ma tête : une atmosphère méphitique me presse; j'étouffe dans cet air imprégné de matérialisme, parmi ces êtres insensibles à toute beauté morale ou intellectuelle, dont l'abject égoïsme a perverti jusqu'à la mesquine raison qui les enorgueillit à si peu de titres. Ils ne comprennent même plus l'intérêt de demain, tout occupés, comme la brute, de celui d'aujourd'hui, et je leur demande de sentir l'art, d'être plus que des hommes. — Ah! j'ai tort! Croquons-leur des pochades libertines : enjolivons-leur du *genre!* Ils nous donneront des bravos, un peu d'argent, peut-être! — Oui, et ils achèteront six cents francs un chef-d'œuvre, et ils laisseraient mourir de faim Michel-Ange, si Michel-Ange était possible maintenant!

Il alla ouvrir sa fenêtre, car il suffoquait, bien qu'il fît froid dans l'atelier aux plafonds élevés.

La nuit avançait : le ciel était tendu d'un voile gris et uniforme. La neige tombait lentement et sans bruit. C'était triste, mais d'une tristesse plate, monotone, accablante : pas un sifflement dans cet espace glacé, pas un râle de tempête sous cette voûte immobile.

— Ainsi tout n'est que ténèbres et torpeur dans le monde des esprits; ainsi la nuit a succédé au jour éclatant, dont les derniers reflets ont éclairé mes yeux, pour mon malheur. Voilà l'image fidèle de l'existence que je traîne, semblable au néant, moins son repos.

Il tressaillit : ses sourcils se relevèrent; ses yeux s'ouvrirent largement et demeurèrent fixes.

— Moins son repos, murmura-t-il. Et pourquoi, moins son repos ?

Il retomba sur son fauteuil, et resta, le visage dans ses deux mains, jusqu'à ce que, sur les neuf heures du matin, il fut tiré de sa rêverie par plusieurs coups frappés à sa porte, accompagnés de : Hé ! ohé ! Dors-tu donc, Arthur ?

Il se leva, le visage empreint de cette sérénité que donne une résolution forte, quelle qu'elle soit, et ouvrit.

— Bonjour, Jules, dit-il en secouant avec une cordialité grave la main du visiteur matinal.

— *Galam-aleikum!* Oh, oh! le feu de ton génie t'échauffe diablement! Moi, qui n'ai dans mes veines qu'une flamme vulgaire, je gèle ici. Tiens! ton lit n'est pas défait! As-tu donc passé la nuit à travailler?

— Non! dit Arthur.

— Ah! c'est donc, comme de coutume, à déplorer les misères du siècle, à regretter les gloires du passé?

— Peut-être!

— Pauvre Arthur! tu prends tout cela cruellement au sérieux! Plût à Dieu que ce ne fût qu'*un genre* chez toi comme chez tant d'autres! C'est une contenance pour eux; pour toi, c'est ta vie! — Tu connais ta belle voisine, la veuve du colonel Mülberg, qui demeure au premier, ici dessous : tu l'as remarquée?

— Je l'ai vue.

— Elle est un peu ma parente : je lui ai parlé de toi, de tes idées... Elle en a été surprise et intéressée, car elle est aussi misanthrope, et elle prétendait qu'un tel enthousiasme ne pouvait se rencontrer dans un temps où l'art est devenu métier, comme les métiers étaient arts autrefois.

— Ah! elle s'étonne qu'on vive et qu'on souffre pour l'art : elle s'étonnera plus encore, sans doute, qu'on meure pour lui !

— Que veux-tu dire ?

— Que je me tuerai dans deux jours, quand j'aurai achevé cette esquisse! c'est l'ébauche d'une pensée que j'eusse développée sur une toile de vingt pieds, si j'avais vécu en un autre temps. Je ne laisserai que ce faible vestige après moi.

— Te tuer! dit l'autre, en répétant ces deux mots avec une stupéfaction vague, comme si leur sens se fût dérobé à son intelligence. Pourquoi ?.....

— Pourquoi mourir? C'est moi qui te demanderai : Pourquoi vivre ?

— Malheureux! s'écria Jules, comprenant enfin. N'est-il donc pas d'autre passion capable de remplir ton cœur après celle-là ? Les as-tu épuisées toutes, pour vouloir mourir? L'amour.....

— Je ne crois pas à l'amour des femmes.

— La politique! la liberté!..... Dévoue-toi.....

— A quoi? à faire succéder des hypocrites à des despotes, à chasser la violence pour la corruption.....

— Les mauvais jours passeront: la liberté reviendra belle et pure, et les arts avec elle... Attends encore.....

— Attendre! ah! j'en suis las! Je n'attendrai pas! Ai-je une mère, une sœur, un vieux père, dont l'existence repose sur la mienne? Je m'appartiens : personne ne s'inquiète de moi, excepté toi, je le sais; mais ta destinée n'est pas enchaînée à moi; tu me regretteras, et tu te consoleras, sans m'oublier. Adieu, mon ami; je désire être seul.....

Jules frémit.

— Non, ce n'est pas cela, dit Arthur en souriant : je veux travailler. Je t'ai dit que je voulais finir cette esquisse. Viens demain matin.

— Au revoir : j'espère te trouver guéri de cette cruelle folie.

Il s'arrêta, d'un air d'anxiété, au moment de passer le seuil, et regarda fixement Arthur.

— Je t'ai dit que ce serait pour après-demain : je te le jurerai si tu le veux.

Arthur passa toute la journée à son chevalet : il lui semblait qu'à ces heures suprêmes quelque chose de grand et de calme l'élevât au-dessus de lui-même : son pinceau intelligent secondait sa pensée, plus nette et plus lucide, et jamais il ne s'était senti plus près d'atteindre cette puissance de création qui échappait toujours à son âme haletante.

Comme le jour baissant commençait à confondre toutes les couleurs sur sa toile, la porte s'ouvrit, et un pas léger se fit entendre derrière lui.

— Monsieur, dit une voix douce et flûtée, c'est de la part de madame Mülberg.

C'était une élégante femme de chambre, qui lui présentait un billet rose parfumé.

— Vous vous trompez, mademoiselle, assurément.

— Mais non : c'est bien à M. Arthur Beauchamp que j'ai l'honneur de parler ?

Arthur lut avec surprise une requête à lui adressée dans les termes les plus gracieux, pour l'engager à entreprendre le portrait de la jolie veuve, difficile *emprise*, dans laquelle l'un des plus brillans élèves de Lawrence n'avait pu satisfaire complétement son aimable modèle.

— C'est singulier ! se dit Arthur. Ah ! je devine. Les paroles de Jules auront éveillé son imagination féminine. Elle est curieuse de m'examiner comme on fait une bête rare ; elle veut voir un artiste avant que l'espèce en soit perdue.

— Monsieur, dit la femme de chambre, vous viendrez ?

— Oui, répliqua-t-il machinalement; puis il voulut se reprendre ; mais il leva les épaules en murmurant : — Est-ce la peine de me dédire ? Mes respectueux hommages à madame Mülberg : j'aurai l'honneur de passer chez elle demain matin.

Il sourit avec une mélancolique ironie.

— Ne puis-je pas faire à la galanterie française le sacrifice de huit jours de l'autre monde ?

Quand Arthur descendit chez madame Mülberg, il la trouva seule.

C'était une blonde alsacienne aux formes

sveltes et développées, aux traits réguliers, à la physionomie douce, mais plus animée que ne le sont d'ordinaire les têtes allemandes.

Ses boucles de cheveux, tombant des deux parts dans un heureux désordre jusque sur son cou moelleux et flexible, sa robe échancrée aux larges manches, dont le satin noir et les nœuds cerise dessinaient avec tant d'éclat sa poitrine de neige, sa petite bouche voluptueusement pincée en cœur, lui donnaient ce caractère si séduisant dans les *pourtraitures* coquettes du dix-septième siècle.

Le modèle était sous les armes : il attendait le peintre.

Arthur croyait rencontrer le manége mignard, le jargon brillant et vide d'une petite-maîtresse : il trouva des manières naturelles, des paroles bienveillantes, affectueuses même. Il pensait qu'on chercherait à le faire discourir, se livrer, se *poser* en quelque sorte ; et l'on parla beaucoup du désir de voir à l'œuvre son talent, bien que l'occasion n'en fût point assez digne ; un peu de la chaleur avec laquelle Jules vantait l'enthousiasme désintéressé de son ami ; pas du tout des étrangetés de celui-ci.

On prit heure pour le lendemain, avant de se quitter.

— Un acte d'obligeance n'est jamais sans fruit, se disait Arthur en remontant les trois escaliers qui le séparaient de la belle veuve. Je ne croyais pas être dédommagé *du temps que je perds*.

La conversation suave de cette femme était tombée sur ses douleurs comme une goutte de lait dans un vase d'absinthe. Il y avait un peu moins d'amertume dans son calme funèbre.

Elle se montra plus charmante encore aux séances suivantes.

Il y avait déjà de l'intimité dans le sourire familier qui l'accueillit dès la seconde.

Arthur, isolé, orphelin, absorbé par la passion qui s'était emparée de tout son être, savait à peine, jusqu'alors, ce que c'était qu'une femme ; aussi fut-il sans défense contre le mélange de grâce enfantine et de lumineuse raison, d'exaltation et de piquante légèreté, qui fit jouer devant ses yeux un prisme aux mille nuances. Il se laissait aller, avec un sentiment de bien-être dont il ne se fût pas cru susceptible, au charme qui agissait sur lui.

Elle savait si bien quelles étaient les cordes à faire vibrer dans cette âme ulcérée et brûlante ; elle s'identifiait si complétement à son mode d'existence intérieure, à l'ensemble de ses idées, que leurs entretiens, commencés sur le thème bannal des généralités, passèrent bientôt, du moins de la part du jeune homme, à une sorte d'abandon confidentiel.

Il fut amené à déchirer peu à peu le masque d'aisance polie et tranquille dont il avait recouvert son visage contracté par la souffrance : il laissa déborder son cœur, où le désespoir s'était amassé long-temps en silence. Il ne s'avoua pas résolu de se donner la mort, mais il s'avoua dégoûté de la vie.

Était-ce un reproche ou une promesse, qui passa comme l'éclair dans un humide regard, tandis qu'une voix grondeuse et consolante reprenait le coupable du péché de désespoir ? Adorable et dangereux guide qu'un tel confesseur pour un tel pénitent !

Les yeux de la jeune femme, remplis d'un intérêt profond, avaient souvent rencontré ceux d'Arthur. Plus d'une fois ces inflexions caressantes, ces mouvemens presque imperceptibles, et qui disent tant de choses, avaient encouragé le peintre à de plus libres effusions, à une plus tendre reconnaissance, mais rien de plus.

Arthur allait, sans retour sur lui-même, sans se comprendre ni le vouloir.

Enfin, un jour qu'il s'abandonnait à son amère éloquence, qu'il peignait de verve les angoisses de l'homme de génie luttant contre la ruine des arts et l'indifférence de ses contemporains, ses angoisses, ses tortures, à lui! elle se leva spontanément, les yeux en larmes, et lui tendit sa jolie main, en murmurant: Pauvre Arthur!

— Ida! s'écria le jeune homme, l'appelant ainsi pour la première fois, et couvrant de baisers ses doigts effilés: il l'attira si près de lui, que ses lèvres effleurèrent la blanche épaule de madame Mülberg.

Alors seulement elle revint à elle, et, s'arrachant des bras qui n'osèrent la retenir, elle couvrit de ses deux mains son visage inondé de rougeur, et s'enfuit.

Arthur resta enivré à la place qu'elle venait de quitter.

Mais, quand il se retrouva dans son atelier, dont chaque coin lui rappelait quelque haute et lugubre pensée, devant cette toile confuse qui devait être son adieu au monde, un doute terrible l'agita : il se fit un grand combat dans son âme.

— J'ai marché en aveugle : mes paupières sont ouvertes ! J'aime cette femme ! Elle m'aime peut-être ! Ballotté par des années de cruelles déceptions, j'en suis venu au néant de ce qui valait la peine de vivre, la gloire et le génie ! Il faut décider maintenant si je recommencerai l'expérience sur l'amour. Pour quelques momens de bonheur, jouerai-je ma constance inaltérable contre les reviremens d'un volage esprit de femme ? Non : elle m'a fait heureux un instant ; qu'elle en soit bénie ! Je mourrai ! Mort, elle me pleurera : vivant, elle se fût lassée de m'aimer, si elle m'aime.

Jules arriva sur ces entrefaites : le bon

jeune homme était venu chaque jour consulter avec inquiétude le thermomètre moral de son ami. Il s'était réjoui de voir s'éclaircir graduellement le front de celui-ci, et la tension pénible de son visage se relâcher peu à peu jusqu'en une paisible langueur.

Il était entré, plein d'espoir, presque gai ; il sortit dans la consternation.

Depuis une semaine, pas un mot de suicide n'ayant été prononcé, il s'était hasardé à dire :

— Eh bien, Arthur, tu vivras !

— Non, répondit le peintre.

— Arthur, mon ami, disait Jules, tu avais pourtant rencontré des âmes à l'unisson de la tienne, et tu veux nous quitter ! Tu ne recules pas devant ma désolation, devant le chagrin que tu vas causer à cette charmante femme, qui a conçu pour toi une affection... de sœur ; car elle me l'a dit encore hier...

— Vraiment ! dit Arthur attendri.

— Oui... nous te ferions oublier le reste du monde ! Nous apprécierions les œuvres de ton imagination ; nous serions ton public enthousiaste et dévoué. Tu te reprendrais à aimer

7.

la vie dans une telle société, qui s'augmentera bientôt d'un nouvel ami pour toi, M. de Verville...

— Comment !

— Mais, oui : son mariage avec madame Mülberg est presque décidé : elle me l'a laissé entendre elle-même.

— Ah !...

L'autre ne s'aperçut pas qu'Arthur ployait et brisait sa palette entre ses mains convulsives................

— Il était donc des tourmens que j'ignorais encore ! Je suis jaloux, jaloux avec rage ! La perfide ! Ainsi, ces épanchemens, cette tendresse qui semblait s'exhaler de tout son être, mensonges ! amusemens d'un cœur blasé ! C'était du neuf, de l'original pour elle ! Ce sera un sujet d'observations finement touchées pour son album, que l'histoire du peintre martyr de *la folie de l'art.* La perfide ! Perfide ! Au fait, je suis étrange ! Peut-on trahir des sermens qu'on n'a pas prêtés ! Je lui préfère une balle de pistolet, et ne puis souffrir qu'elle me préfère un autre homme ! N'importe : elle ne le peut, elle ne le doit pas ;

cela ne sera pas ; il faut que je la voie ; que je lui parle !...

Il sortit comme un insensé.

Madame Mülberg était en compagnie : elle lui sourit d'un sourire vaguement aimable, comme à tout le monde.

La flamme délirante de ses regards, l'agitation qui faisait trembler tous les muscles de sa face parurent inintelligibles pour elle.

Le lendemain, Arthur trouva près d'elle un fashionable élégant de tournure, spirituel de langage.

C'était M. de Verville.

Tout son sang bouillait dans ses veines : il eût éclaté s'il eût su comment, et sous quel prétexte.

M. de Verville avait une politesse trop universelle pour lui en fournir un.

Il revint encore deux autres fois, mais Madame était sortie, Madame était malade, et ne recevait pas.

Il n'est point de mots dans une langue humaine pour rendre ce qu'il souffrit durant ces quelques jours.

C'était une trop longue agonie : il résolut

de forcer tous les obstacles, et de lui parler, seule ou non, pour en finir après, car il ne voulait pas en finir sans cela.

Il s'y rendit le matin.

— Madame a défendu sa porte, dit faiblement la femme de chambre.

— J'en suis fâché, mais je la verrai, répondit Arthur.

— Mais, monsieur...

— Il le faut!

Elle n'insista pas, subjuguée, sans doute, par un coup d'œil impérieux qui ne souffrait point de réplique.

Madame Mülberg était nonchalamment étendue sur son divan, plus ravissante que jamais, dans la parure où il l'avait vue lors de sa première visite.

— C'est vous, M. Arthur! Je ne vous attendais pas de si bonne heure.

— Je le sais ; car vous eussiez donné des ordres plus précis à mon égard. Ils eussent été inutiles ; je les eusse enfreints, à mon grand regret, car je ne voulais point partir sans vous faire mes adieux, et ce soir il eût été trop tard : le voyage sera commencé et fini.

— Quel voyage ? demanda-t-elle en paraissant comprimer quelque émotion.

— Le dernier, et le plus promptement accompli. Écoutez-moi, je serai bref. Avant de vous connaître, madame, j'étais décidé à sortir violemment d'ici-bas ; j'allais mourir dans la chaleur de ma résolution, sans regret, sans pensées étrangères à mon orgueilleux désespoir, fier et presque heureux d'un tel malheur. Vous m'avez rejeté dans les agitations vulgaires des autres hommes : vous m'avez fait rougir de mes douleurs ; vous avez détruit ma suprême illusion, celle d'une fin exaltée et sublime. Je ne pourrai plus mourir qu'avec dégoût, froidement. Voilà ce que j'avais à vous dire, acheva-t-il en se levant. Madame, vous avez désenchanté jusqu'à ma mort.

— Il ne me reste donc plus qu'à enchanter votre vie !

Arthur demeurait immobile, abasourdi, les prunelles dilatées, et la bouche entr'ouverte, comme s'il eût perdu la raison.

C'était bien elle qui le caressait du regard de ses grands yeux bleus, qui tendait vers lui sa blanche main, comme la première fois, l'enchanteresse !

— Vivras-tu ? lui dit-elle.

— Oh ! pour toi, pour toi seule !... Ida ! ma belle Ida ! Mais c'est un rêve ! Expliquez-moi.....

— Mon unique pensée fut de vous sauver, dès que j'eus appris de Jules vos funestes projets. Les miens..... je ne sais si j'en avais pour lors. Je voulais vous rattacher à la vie, sans trop savoir à quel prix je le pourrais faire. Et voilà où l'on va, quand on commence un premier acte sans s'assurer du dénoûment !

— Mais ce mariage ?

— Ah ! ce pauvre M. de Verville ! Jules, mon complice à son insu, m'ayant appris que je n'avais rien gagné sur vous, petit monstre, j'eus recours au dernier moyen, la jalousie. Veus eussiez été d'humeur à vous tuer pour me remercier de l'offre de ma personne ; je feignis de l'avoir promise à un autre, et vous vivez ! Vous voyez bien que mon calcul était juste.

— Ida ! ma belle Ida ! mon ange adoré !

— Votre ange gardien, en effet !

— Prends-moi donc sous tes ailes, mon beau séraphin, puisque tu ne veux pas que j'aille encore au pays de tes frères ; cache-moi cette terre où je ne dois plus voir que toi, tant que nous y serons ensemble ; car le monde, le génie, l'art, aujourd'hui, c'est toi !

HENRY MARTIN.

EMMA,

ANECDOTE.

Le jeune Darancourt avait de la gravité dans les manières, un esprit solide, appréciateur, distingué; il possédait le secret d'une élocution simple, exempte de faux éclat, fertile en mots sentis; il ne laissait point s'évaporer sa force de pensée en expressions indécises; sa conversation allait toujours au but. Fils d'un riche notaire, il devait hériter de l'étude de son père. La probité était de tradition dans cette famille. Il aimait Emma de Flavilé, veuve à vingt-deux ans, jolie, mignonne de formes, et de gracieuse coquetterie; fraîche, vive, sautillante dans son parler et dans sa démarche, piquante par ses caprices et ses étourderies de bon ton ; malicieuse dans ses enfantillages, espiègle à ravir, espiègle à tourmenter. Elle agaçait aujourd'hui Darancourt, elle le rendait fou d'amour, lui, si posé, si calme extérieurement ; le lendemain elle le désespérait par ses froideurs et ses bouderies épigrammatiques.

Il avait à peu près triomphé de sa répugnance pour les dossiers et le voisinage d'une étude, quelque élégante qu'elle fût. Emma n'était pas riche ; elle cédait, elle l'aimait peut-être. Darancourt se croyait aimé ; car plus d'une fois les mutineries, les folâtreries, les rires cadencés d'Emma, finissaient par des larmes qu'il était prêt à essuyer avec ses lèvres.....; mais elle l'arrêtait alors par un mot sec et froid.

Ces rires si fous, ces larmes si soudaines, cette gaîté maladive, c'était un secret.

Emma avait rencontré dans le monde un de ces jeunes hommes étranges, rares dans leur nature vraie, misérablement parodiés par des copistes ridicules et sans idées, un de ces jeunes hommes dont les regards fixes, aigus, entrent au cœur des femmes et leur inoculent des tourmens qu'ils portent en eux, qu'ils traînent partout. Elle avait écouté ses paroles ardentes, éloquentes sans chercher à l'être, ou détendues, brisées; elle le craignait; elle avait pleuré avec lui; elle tressaillait rien qu'au bruit de ses pas. Elle avait déjà des souvenirs qui la condamnaient à d'effrayantes gaîtés.

Une tante, vieille et infirme, restait à Emma; les restes collatéraux de sa famille, décimée par la révolution, vivaient mesquinement au fond du poétique Béarn. Le jeune homme dont l'ardente mélancolie avait fasciné Emma, n'était pas riche; il regardait le mariage comme des *fourches caudines,* où les esprits supérieurs font passer l'immense troupeau des hommes vulgaires en les fustigeant d'épigrammes et d'affronts : mais il était absent, et, pendant ce voyage de quelques semaines, elle avait mieux apprécié les fermes et solides qualités de Darancourt; elle s'attendrissait quand il lui parlait des tranquilles douceurs de la vie domestique, des fleurs dont la décorent les tendresses de l'imagination éprise, de l'inaltérable suavité des vertus qui rendent le mariage si consolateur. Est-il oreiller meilleur, pour une jeune femme, que la poitrine puissante d'un bon mari?

Mais une correspondance secrète lui embrasait le cœur et la tête.

Un soir, Darancourt était venu la chercher, pour la conduire, accompagnée de sa tante, à un bal de famille donné par le notaire. Emma terminait sa toilette; il la contemplait, elle se contemplait elle-même. Blanche, éblouissante, souriante, heureuse, animée par le plaisir d'être belle, elle se promettait le bonheur de tourner la tête de Darancourt. Cette démarche devenait décisive, et le mariage projeté s'allait conclure.

La femme de chambre sortit sur un ordre de sa maîtresse; ils furent seuls, Emma put comprendre alors tout son pouvoir sur le jeune notaire; il lui prit la main et lui dit :

—Vous consentez à être à moi comme je serai à vous, chère Emma et vous m'autorisez ainsi à vous donner quelques conseils. Oh! ne faites pas la boudeuse, ces conseils me jaillissent du cœur, leur excuse est dans leur franchise; tout ce qui est vrai, pur, senti, est respectable.

— Parlez, grave sermoneur, parlez.

— Non, je ne suis pas sermoneur, Emma; mais j'aime et je veux pour vous une vie pleine d'un repos enchanteur. L'homme doit être fort par ses idées pour protéger les inconstances impressionnées de la femme ; son organisation plus nerveuse la rend plus soumise aux mobilités de l'opinion ; elle sent plus qu'elle ne pense, et c'est un danger pour elle.

— Où voulez-vous en venir, mon docteur?

— Emma, les inégalités de votre caractère sont inexplicables pour moi, elles me peinent, elles me navrent le cœur ; j'en suis malheureux, car je vous adore plus que mes paroles ne le disent. Vous avez si peu de fixité dans les idées, vous êtes si frivole!...

— Est-ce ma faute, ou celle de mon éducation?

— Oui, l'éducation des femmes est insuffisante : c'est pitié de voir les précautions que les hommes prennent pour les emprisonner dans cette ignorance qu'ils pétrissent, qu'ils façonnent à leur gré. Une femme qui aime est presque toujours ce que la fait son amour. Elle prend les opinions...

Emma pâlit et dit brusquement : — Assez de moralités je vous prie ; elles me donnent la migraine ; vous allez me rendre maussade pour la soirée. — Puis, elle ajouta : — Il est vrai que je suis bien ignorante, je n'ai lu que des romans...

Elle regarda tristement Darancourt ; la femme de chambre rentra, tenant des bracelets à la main ; elle en agrafait un sur le bras d'Emma, mollement arrondi, quand on entendit dans la chambre voisine des voix se parler, se répondre ; Emma y courut..... Plusieurs instans s'écoulèrent ; elle revint pâle, consternée.

— Ma tante est indisposée, dit-elle à Darancourt en baissant les yeux ; elle vient de se mettre au lit ; je ne saurais aller seule au bal avec vous ; ainsi je me vois condamnée à rester au chevet d'une malade au lieu de danser, et d'être heureuse de cette fête que j'attendais. Je suis bien à plaindre !

Désolé, Darancourt insista vainement ; Emma ne voulait pas s'absenter ; elle tremblait, elle suppliait, elle riait, et des pleurs vacillaient, comme des diamans mobiles, sous les cils soyeux de ses paupières. Il prit enfin congé d'elle ; mais en descendant l'escalier, d'étranges, d'horribles soupçons le saisissent.

Il entre dans la loge du concierge ; il le prie de lui donner une plume, de l'encre, du papier, écrit une lettre d'une main tremblante d'émotion, la plie, la cachette, et à prix d'or, obtient de cet homme d'aller la porter à son adresse ; il lui promet de rester en attendant son retour, et de tirer lui-même le cordon ; il s'enfonce dans l'immense fauteuil de cuir ; le concierge sourit et s'éloigne.

Darancourt est seul dans la loge ; c'est ce qu'il souhaitait ; la lettre n'est qu'un prétexte ; il veut épier toutes les personnes qui entreront dans l'hôtel ; sa tête est en feu, à chaque fois que le marteau retombe sur le clou de la porte, son cœur se brise, et sa main, affaiblie, pèse difficilement sur le cordon. On entre, on sort, rien encore qui justifie ses soupçons... Enfin, une voiture s'arrête à la porte ; mais on n'a pas frappé.

Soudain on descend l'escalier : il frissonne ; il écoute ; sa raison se perd ; il n'ose pas regarder.

— Le cordon ! dit une voix douce de femme.

Il reconnaît cette voix ; ses doigts se crispent sur le gland du cordon ; il n'a pas la force de l'agiter.

— Le cordon ! dit une voix d'homme.

La porte ne s'ouvre pas ; Darancourt, gisant dans le fauteuil, est presque sans mouvement ; le jeune étranger s'élance vers la loge ; Darancourt se lève alors, tire le cordon avec une impulsion convulsive, sort, passe devant Emma, et lui dit d'une voix sourde : — Adieu pour toujours !

Elle pousse un cri, tombe raide à ses pieds... Darancourt franchit le seuil sans la regarder.

Gustave Drouineau.

KERVAL.

ROMAN.

1. LE CIMETIÈRE.

Il était nuit; onze heures sonnaient à l'horloge de la vieille tour de Cléiden. De légers et capricieux nuages, glissant avec rapidité sur la voûte azurée du ciel, voilaient parfois la lumière rêveuse de la lune, et reproduisaient à de longs intervalles les scènes magiques d'une création. On entendait au loin la répétition monotone d'un bruit sinistre, semblable à un écho de la tombe, et les vapeurs diaphanes qui s'élevaient du sein de la mer formaient un large transparent où les découpures des rochers de Douarnenez et du

Loc-Rénan apparaissaient comme des constructions fantastiques. Malgré l'âpreté du froid, un homme travaillait non loin d'un saule dont les branches pleuraient sur une croix décorée d'une épitaphe. Cet homme était le fossoyeur du cimetière de Cléiden. — Morbleu, que cette terre est dure ! s'écrie-t-il tout à coup en frappant du sabot sur sa bêche. J'aimerais mieux perdre chaque jour mon salaire, et que, durant la froidure, la Mort délogeât de céans.

— Oui dà ! répond une vieille femme qui glane des os autour des tombes ; et de quoi vivrions-nous ? Je te l'ai toujours dit, mon homme Jean, il est dommage que tu ne sois pas né grand seigneur.

— T'as raison, réplique le fossoyeur ; mais vois-tu, chère Marguerite, si j'étais venu au monde entre l'or et l'argent, il est à parier que tu ne serais pas ma femme, et je suis sûr que je n'aurais pas été heureux avec une autre, car, entre nous soit dit, tu vaux bien ton pesant d'écus.

— Grâce à Dieu, il y a quarante ans que nous vivons chrétiennement ensemble, dit

Marguerite, et l'argent ne nous a pas manqué. Crois-tu donc que ce ne soit rien d'être à l'abri des banqueroutes et des craintes que la fortune cause aux grands du monde?... Que le gouvernement soit blanc ou bleu, ce n'est point notre affaire. On meurt dans toutes les opinions, et quelque rang que l'on occupe ; il n'y a point de priviléges dans la mort, dit l'apôtre.

— Peste, ma femme! comme tu prêches! Foi de Breton, si je n'étais sûr que c'est toi qui as parlé, je croirais avoir entendu notre bon recteur.

— Ai-je dit vrai ?

— Si tu as dit vrai, ma femme!... Tu me connais : ce n'est pas bien relevé que le métier de fossoyeur, quoique ça, je me trouve heureux ; une fosse en ouvre une autre, et chaque jour a son pain.

— Voilà qui est parler en brave homme!... Il faut avouer, poursuit la vieille Marguerite en s'approchant de son mari, que c'est payer la fortune beaucoup trop cher au prix que l'achète M. de Kerval... hem!

— Bah! cette fortune! oh! il ne la tient pas

encore!... Mais, chut! ne m'interroge plus;
je t'ai dit et redit cent fois que je ne veux pas
de questions sur ce jeune homme, ainsi brisons là-dessus...

— C'est bien, c'est très bien de savoir garder
un secret; et, puisqu'on paie ta discrétion, je
respecterai nos intérêts.

— Mais, Dieu me pardonne! voici M. de
Kerval qui entre au cimetière, s'écrie Jean.

Aussitôt il sort de la fosse, à moitié creusée,
et secoue la terre de son manteau de serge
noire.

— C'est bien lui, ajoute Marguerite: qui
viendrait nous visiter au milieu de la nuit,
par le froid qui nous passe sur le corps?...
ah! je suis toute gelée...

La vieille Marguerite parlait encore, que
déjà le fossoyeur avait accosté M. de Kerval.

— Ma foi, lui dit-il en le saluant d'un grand
coup de chapeau et retirant la jambe droite,
je vous fais mon compliment de votre prochaine délivrance...

— Je l'accepte de tout mon cœur, répond
M. de Kerval. Encore trois fois vingt-quatre
heures, et je serai l'homme du monde le plus

heureux... Mon pauvre Jean, voilà une fortune qui m'aura coûté bien des ennuis.

— En vérité, monsieur, je ne puis concevoir le récit que vous m'avez confié... Quoi! on enchaîne votre cœur, on vous assujettit à un caprice cruel, et tout cela par des dispositions testamentaires, m'avez-vous dit... Ah! si l'on m'avait imposé de semblables conditions, à moi, fossoyeur, qui suis pauvre comme Job...

— Qu'aurais-tu fait? demande vivement Kerval.

— Pourquoi vous le dire? je passerais à vos yeux pour un fou.

Dans ce moment, le son éloigné d'une horloge se fait entendre; c'est minuit.

— Allons, dit Kerval en se drapant de son manteau, voici l'heure des regrets; encore une station... Adieu, Jean; souviens-toi de creuser la fosse bien profonde...

— Douze pieds si ça vous plaît, répond le fossoyeur.

Kerval lui fait un geste approbatif, et suivant les détours d'un sentier tracé dans l'herbe, haute et forte, qui tapisse les intervalles des tombes, il entre dans un carrefour dessiné par de hauts peupliers dont les cimes élancées et flexibles se balancent au frémissement de leur feuillage. Au centre du carrefour s'élève un monument funèbre : une croix aux bras festonnés en surmonte le frontispice : deux fenêtres à vitraux peints et coupés de traverses à moulures se dessinent en ogives sur les murs latéraux : au-dessus de la porte une large table de marbre noir est incrustée dans la pierre, elle porte cette épitaphe gravée en lettres d'or :

CI-GIT
MARIE DE THRÉGOHAN.

— Encore quelques jours, dit Kerval en ouvrant la porte avec impatience ; encore quelques heures, et ce monument sera détruit, je le disperserai. Cette tombe ne gardera pas même le cadavre qu'elle renferme ; je ne veux pas que l'on puisse y prier... Maudite fortune, que n'obtiens-tu pas des hommes !... Quelle honte de venir chaque nuit dans ce lieu funèbre acheter un peu d'or par l'obsession d'une piété qui n'est pas dans mon cœur!... Ah! si mes habitudes si la position que je me suis faite dans le monde ne me rendaient la fortune nécessaire, comme je m'affranchirais d'une servitude qui m'humilie!... Un tombeau qui ne réveille aucun regret dans mes souvenirs; tel est, depuis un mois, l'objet d'un culte impérieux, idolâtrie révoltante que m'a prescrite une femme!... Une femme, morte dans l'âge des ridicules, morte avec ses ruses de toilette, et son étude de maintien et de visage, morte dans sa coquetterie, dans un fol désir de plaire... Et moi, à vingt-cinq ans, je m'étais asservi à ses caprices; j'étais l'esclave de cette femme, dont le regard et le sourire n'avaient plus qu'une expression d'habitude, dont le cœur n'avait plus de mystères... Je lui avais sacrifié mes distractions, mes goûts, mes sympathies de jeune homme... Elle ne s'est souvenue de moi que pour me faire sentir la condition pénible où je suis né!... Le moment d'être libre approche, poursuit Kerval en relevant la tête; résignons-nous.

Aussitôt il prend un chapelet appendu aux murs de l'oratoire, et se prosterne devant un petit autel en granit, où brûle une lampe sépulcrale.

— Bah! s'écrie-t-il en se relevant avec force et jetant le chapelet sur l'autel, à quoi bon cette momerie! qui me voit?...

Il s'enveloppe dans son manteau et s'assied sur les marches de la tombe.

2. THRÉGOHAN.

Le château qu'habitait le jeune Kerval était assis au versant d'une colline non loin du rocher de Garrec. Les traditions de Cornouaille donnaient à ce château une origine merveilleuse. Elles rapportaient que saint Guénolé le bâtit à l'aide d'un miracle, et qu'il en fit présent au roi Gralon pour le consoler de la mort tragique de sa fille, la belle Dahut, et de la perte de la superbe ville d'Is, que la colère divine avait abîmée dans les gouffres de la mer.

La construction primitive du manoir de Thrégohan était d'un style hardi, capricieux, élégant, et portait, en effet, une empreinte de féerie. Son beffroi et ses tours à plateforme avaient tenu le premier rang dans les diableries des contes populaires. Mais le prestige de cette illustration satanique n'existait plus depuis que le père de madame de Thrégohan s'était avisé de rajeunir son château, de lui enlever les insignes féodales, de le métamorphoser en maison de campagne aux contre-vents verts, aux façades plâtrées, au toit bordé d'une galerie en briques, et ridiculement chargé d'un corps-de-garde et d'un grenadier en terre vernissée. Les grandes salles, où jadis les seigneurs de Thrégohan devisaient auprès de larges foyers armoriés, recevaient les récoltes des métairies : une seule avait été respectée; elle était garnie d'une tapisserie en cuir doré, témoignage gothique de la splendeur du château de Thrégohan. Une marqueterie en carreaux de faïence peinte ornait la voûte de cette salle, vaste, régulière, superbe pour un artiste, pour un antiquaire : M. de Kerval y faisait hurler ses chiens.

C'était un grand chasseur que M. de Kerval;

il avait une meute royale. Chaque matin il la conduisait dans la salle aux tapisseries; il y sonnait du cor pendant une heure, et toute sa meute lui aboyait.

Le lendemain du monologue au cimetière de Cléiden, au moment où M. de Kerval sonnait un air de chasse, des bravos accompagnés d'applaudissemens et de rires bien prononcés interrompirent brusquement le concert du nouveau pandemonium de Thrégohan.

— Ah! bonjour, Saint-Pol, dit Kerval en apercevant un jeune homme blond aux yeux vifs, d'une physionomie ouverte, et respirant dans tous ses traits la franchise et la cordialité.

— Bon Dieu, mon ami! répond le jeune Saint-Pol, en approchant de ton château, on croirait entendre passer la chasse merveilleuse du roi Arthur.

— Ma foi, réplique Kerval en caressant son chien favori, Arthur n'eut peut-être jamais une si belle meute dans son vieux manoir de Hüelgoat.

— Amour-propre de chasseur, dit Saint-Pol.

— Je ne m'en défends pas; la chasse est

ma passion, ma folie, si tu veux, et je crois, parole d'honneur, que je donnerais toutes les femmes de Quimper-Corentin pour mon Briffaut, mon bon ami; n'est-ce pas, mon pauvre chien? poursuit Kerval en approchant sa joue du nez de Briffaut... Et Briffaut saute, aboie, agite sa queue, caresse son maître. C'est, en effet, un chien fort aimable que Briffaut...

A propos de Quimper-Corentin, dit Kerval, c'est donc enfin ce soir que nous dansons chez madame de Pen-Mark.

— Ce bal sera charmant, délicieux... Un bal déguisé!

— Quimper n'aura vu, depuis long-temps, si belle fête. En vérité, madame de Pen-Mark est une femme adorable, la seule femme dont je voulusse être le chevalier.

— Et mademoiselle de Thrégohan, l'aurais-tu oubliée?

— Saint-Pol, répond Kerval en prenant un air digne et donnant à sa voix un accent solennel, j'avais cru, jusqu'à ce jour, que la franchise était inséparable de l'amitié.

— Est-ce un reproche que tu m'adresses? demande Saint-Pol en baissant les yeux.

— Crois-tu que j'ignore le motif de tes courses à Cléiden? Avoue, mon ami, que l'on est bien heureux d'avoir pour oncle le gardien et le confesseur d'une jolie femme?

— Kerval!

— Ah, ah, ah! bien! très bien! de la rougeur au front!... Pauvre Saint-Pol, que je te plains!

— Tu le sais, le cœur a ses fantaisies.

— A merveille, Saint-Pol!

— Kerval, je ne puis oublier tes intentions généreuses; je leur applaudis, je les aime; je serais assez ton ami pour leur sacrifier même une inclination.

— Il est vrai que j'avais quelques vues sur Ernestine... Je l'aime encore de toutes les forces de mon âme, cette chère enfant; mais nous formons tant de projets dans le cours de la vie!...

— On rencontre difficilement une femme plus aimable que mademoiselle de Thrégohan.

— J'avoue qu'Ernestine est jolie, charmante, et qu'il me serait fort agréable de partager ma fortune avec elle; mais, Saint-Pol, je lui connais un défaut horrible à mes

yeux... Elle est nièce de madame de Thrégohan.

— Pourquoi lui faire la cour ?

— Par habitude, mon cher, quelquefois
par ennui, et presque toujours par distrac
tion. Cet aveu te surprend, toi, dont le cœur
est épris d'un bel amour platonique.

— J'en conviens, et ce n'est pas la fortune
qui me fait apprécier mademoiselle de Thrégohan ; je l'aime de cœur parce qu'elle est
bonne, parce qu'elle est aimable...

— Sais-tu si le péché lui déplaît ? dit Kerval,
le sourire sur les lèvres et le plaisir de la fatuité dans le regard.

— Je sais, répliqua Saint-Pol, que tes expressions mordantes ne plaisent à personne ;
et si quelque événement inattendu t'accablait
sous le poids du malheur, l'opinion publique
se croirait vengée.

— Advienne que pourra, mon cher, je ne
contrarierai point mes penchans, mes habitudes de chaque jour pour m'attacher aux
spéculations de l'avenir. Aujourd'hui je suis
riche, et je tranche hardiment du grand seigneur. Tu vois que la société me recherche,

me flatte dans ses rapports avec moi. Il n'est pas un bal où le premier rôle ne me soit réservé ; il n'est pas une fête, un dîner, une modeste soirée à lanterne magique, sans que je n'en reçoive l'invitation pressante. Que m'importe la censure des prudes que je ne hante pas, des femmes laides et précieuses, malades d'une vieillesse de trente ans, et dont le visage flétri est un témoignage irrécusable de scandale ? Je veux vivre pour moi, Saint-Pol ; l'égoïsme est la plus ferme garantie de bonheur. La société n , à mes yeux, qu'une mine de jouissances que j'exploite selon mes goûts ; il faut que chez moi les passions s'éteignent dans le plaisir. Tu me diras que le cœur, l'âme, les organes se lassent, et qu'il est des heures de repos comme d'activité. Eh bien, Saint-Pol, dans ces momens de vide, d'affaissement, de léthargie, où le rêve du plaisir serait une fatigue, je trouve dans la lecture une distraction convenable, une causerie muette, facile, spirituelle... puis les esprits se réveillent, et je chasse, et je cours à travers les bois, les champs, les landes, les rochers ; je fatigue piqueurs, chiens, chevaux ;

je tue, je fais un carnage affreux... Le soir arrive, je courtise les femmes, ou je perds noblement vingt-cinq louis dans le monde de Quimper-Corentin.

3. LA SILHOUETTE.

Un valet, portant la livrée des Thrégohan, vint annoncer que monsieur le comte était servi.

— Excellente nouvelle! dit Kerval en donnant le bras à Saint-Pol, et sortant de la salle, entouré de sa meute, qui se précipite dans la cour et les corridors du château. Mon ami, je te confesse un autre défaut : je suis gastronome; c'est le faible des grands chasseurs... Tu goûteras d'un lièvre que j'ai tué sous les fenêtres de la dame mystérieuse de Cléiden...

— La belle étrangère a-t-elle vu l'adresse du chasseur?

— Je n'ose, en vérité, m'en flatter... Et pourtant il me semble l'avoir aperçue. Elle se tenait debout derrière le vitrage de son appartement, et semblait me suivre des yeux. Un autre eût, à ma place, rêvé quelque épisode bien sentimental, peut-être un roman langoureux, digne et fade imitation des *Vœux téméraires*; j'ai eu le tort de ne rien entreprendre. Il est des jours où je suis d'un stoïsme !...

— On dit qu'elle est jeune, jolie.

— Mon ami, répond Kerval en s'asseyant à table, je crois qu'une femme qui se décide à quitter le monde pour se cloîtrer dans une masure attenant à un cimetière, et qui, au bout de six mois de réclusion, vit encore dans la latitude du premier jour, est folle de mysticité ou perdue de réputation.

— Mon oncle prétend que c'est une femme très aimable : elle a fait vœu de retraite pour expier de grandes erreurs par une méditation constante et une pénitence du cœur.

— Il est fâcheux que je ne puisse lui envoyer la fresque qui décore le fond de cette salle : le repentir serait bien expressif aux pieds d'un templier crucifié...

— Ton épigramme est infatigable, mon

cher Kerval; on pourrait même l'accuser d'injustice...

— Et de cruauté... Elle a déchiré, flétri l'innocence, la pudeur, l'ingénuité d'une pauvre fille belle de jeunesse, de vivacité, de superstitions tendres : Saint-Pol, au fait, je suis un homme détestable.

— Si je n'étais l'ami de Kerval, son enthousiasme ironique aurait de quoi me blesser...

— Ah! tu me connais bien peu... Crois-tu qu'au fond du cœur je n'aie pas la conscience du bien ?... Saint-Pol, je ressemble au pilote qui voit dans le lointain le port du salut, le rivage tant aimé de la patrie, et qui, ne pouvant lutter contre l'impétuosité des flots et des vents, serre les voiles, abandonne le gouvernail, et se livre au caprice, aux hasards de l'orage... Écoute, tu jugeras de ma franchise : je me suis aperçu que mes assiduités dans le monde, auprès de mademoiselle de Thrégohan, offensent ton cœur et refroidissent l'amitié que tu m'as accordée. Je t'estime, je t'honore, je suis jaloux de notre intimité, Saint-Pol : l'élévation, l'énergie, la fierté de ton caractère me plaît; je tiens à conserver ton attachement ; je pourrais lui faire de grands sacrifices, si tu l'exigeais. Parle, réponds-moi sans arrière-pensée : aurais-tu assez de courage pour te priver de la société d'Ernestine, si le sort t'en prescrivait le devoir?

— Ce serait, j'en conviens, une détermination pénible, mais j'ai le cœur libre, Kerval ; il y a loin d'une préférence à une passion.

— Eh bien, Saint-Pol, que le destin décide entre nous, ou plutôt consultons notre adresse, notre bonheur, et que le droit d'essayer à plaire à mademoiselle de Thrégohan soit un prix, une condition exclusive, et non plus jamais un sujet de jalousie.

— Tu fais preuve de générosité, répond Saint-Pol en souriant.

— Ou de sagesse, réplique Kerval... Allons, poursuit-il en se levant de table, tu es un Fournier au pistolet, et une bonne balle...

Kerval entre dans un appartement contigu, et reparaît aussitôt, tenant un pistolet à chaque main. — Voici ton avocat, Saint-Pol, dit-il en lui présentant une arme.

— Que Dieu protége ma cause!...

— D'après ce vœu, mon cher adversaire,

il faut que le diable ait soin de la mienne. J'accepte ce patronage : le Grand-Veneur tirait aussi bien que Saint-Hubert...

Le jardin de Thrégohan, dessiné en amphithéâtre, sur le versant de la colline opposée au rivage de la mer, descendait par une suite de terrasses étagées jusqu'à la route de Quimper à Cléiden. Dans la partie inférieure, une pièce d'eau couverte de nénuphars et de roseaux, se déroulait en nappe longue, ondulée, et formait une barrière naturelle entre la voie publique et le domaine de Thrégohan. Sur la droite du lac, et dans la direction du château, était un quinconce d'ormeaux flétris à leurs cimes par les vents de Douarnenez et du Raz : ce fut dans ce lieu que Saint-Pol et Kerval s'arrêtèrent.

— Parole d'honneur, dit Saint-Pol, je ne me sens pas la main très sûre.

— Il fallait avoir recours au charme de quelque recette du *Liber de mirabilibus naturæ arcanis*, réplique Kerval en souriant... Du courage ! poursuit-il en frappant sur l'épaule de Saint-Pol ; c'est une belle loterie que le cœur d'une jolie femme.

— Quand on peut en disposer...

— Ah, ah, ah! plaisante idée!... Tu es bien jeune, mon cher; en amour, le droit de tout user s'acquiert, à notre âge, par l'art de plaire.

— Que tu connais à merveille, et que moi, pauvre hère, j'ignore complétement.

— Enfantillage de modestie, répond Kerval; et s'éloignant de quelques pas, il fixe une silhouette à l'écorce d'un arbre. — A toi le premier feu, dit-il tout à coup en se retournant;... voici le but...

— Quoi! le portrait de madame de Thrégohan!... Ah, Kerval!

— Bah! un gros pâté d'encre qui me gâte le souvenir... Madame de Thrégohan n'était pas une Récamier, mais encore avait-elle quelque décence dans les traits. Cette silhouette est mon antipathie; j'en fais volontiers le sacrifice.

— Ce portrait me rappelle une femme bonne, indulgente, une femme dont je veux respecter la mémoire.

— Au diable ta susceptibilité! s'écrie Kerval. Encore quelque idée superstitieuse qui t'enchaîne? Je voudrais, dans tes intérêts, que le recteur de Cléiden fût à cent pieds sous terre!... A moi le Grand-Veneur!...

Kerval fait feu, la silhouette saute en éclats.

— Tu l'as voulu, Saint-Pol, dit froidement Kerval. Tu n'as pas su profiter de l'avantage que je te donnais.

— Je m'avoue vaincu; je cède à ton bonheur, puisse-t-il ne t'abandonner jamais!... Tu me permettras, sans doute, d'emporter les brisures du portrait de madame de Thrégohan? ajoute Saint-Pol en cherchant les morceaux épars de la silhouette.

— Avec plaisir, je te jure... Mais, que feras-tu de ces maussades reliques?

— C'est mon secret.

— Voudrais-tu les montrer à Ernestine... Saint-Pol?

— Monte à cheval et suis-moi, pour peu que tu soupçonnes ma loyauté... Il est vrai que je me rends à Cléiden, mais pour accompagner à Quimper madame de Pen-Mark et mademoiselle de Thrégohan.

— Quoi! une bonne fortune!... Je te rends grâces, mon cher, des instants précieux que tu m'as sacrifiés.

A ces mots les deux amis rentrèrent au château, et vingt minutes après Saint-Pol galopait sur la route de Cléiden.

4. LE BAL.

Madame de Pen-Mark était femme du monde dans toute l'acception du mot. Douée d'un caractère aimable, d'un esprit vif, pénétrant, philosophique, elle passait indifféremment de la vie de loisir, de causerie, aux occupations positives : elle eût joué un premier rôle dans les salons de Fontenelle. Les opinions du dix-huitième siècle avaient influé d'une manière directe sur son organisation morale : on reconnaissait à son habitude de pensée, aux couleurs hardies, fortes, heurtées de sa conversation, à ses fantaisies sentimentales qu'elle appelait des aberrations, au jugement froid de certaines théories qu'elle soumettait à l'analyse, que la philosophie des Encyclopédistes avait nourri ses jeunes années. Elle était encore mademoiselle Dalmann lorsque son père vint à mourir. Cet accident la mit en possession d'une fortune considérable ; et comme il lui fallait un nom, une garantie de société pour suivre les habitudes de sa vie expansive, elle accorda sa main à un gentilhomme bas-breton, de bonne souche, au marquis de Pen-Mark, l'homme du monde le mieux façonné pour être le type des bons maris.

L'âge de Voltaire finissait, et avec lui disparaissaient chaque jour les amis que le souvenir de M. Dalmann, le financier, avait légués à madame la marquise de Pen-Mark. Le malheur des événemens politiques vint encore ajouter à cette perte cruelle, irréparable : les amis de famille ne se remplacent jamais. Réduite à la conversation monotone de son mari, aux occupations, aux soins prosaïques du ménage, à l'ennui régulier du coin du feu, madame de Pen-Mark s'aperçut qu'elle vieillissait. Cependant elle se sentait encore au fond du cœur un besoin de distractions, de vie excentrique, de redire, en quelque sorte, ou plutôt de revivre dans les illusions, dans la souvenance, dans l'imitation du passé. Sur le théâtre de sa jeunesse où elle avait brillé des charmes de la beauté, des attraits de l'esprit, des distinctions de la fortune; dans ce Paris où l'existence se dévore, où l'on vieillit si vite, où le torrent des passions roule impétueux, terrible, élevant parfois une voix sublime et courant à une fin qu'il ignore; dans un monde avide, industrieux à se créer des utopies, des plaisirs, des jouissances, madame de Pen-Mark ne pouvait compter sur le prestige d'une vie toute de souvenirs; elle fut sage, et se retira dans la famille de son mari, à Quimper-Corentin où l'on pouvait être jeune de pensées, d'anecdotes, de sentimens, avec des réminiscences de trente ans. Madame de Pen-Mark y fut accueillie comme une merveille; sa maison devint le centre des plaisirs, des opinions, des sentences littéraires; on y jouait, dansait, philosophait; on y vivait avec Jean-Jacques, d'Alembert, Diderot, Voltaire, Helvétius, Condillac... Madame de Pen-Mark avait eu le bon esprit de remplacer par le goût, par la mode de l'étude, de la galanterie, ces *galas étourdissans* dont madame de Sévigné s'amuse avec la légèreté, le ton de plaisanterie, la facilité d'expressions que tout le monde lui sait.

Depuis son arrivée en Basse-Bretagne, c'était le premier bal déguisé que donnait madame de Pen-Mark. Elle l'avait annoncé un mois d'avance, afin de laisser le temps nécessaire à la confection des costumes. Aussi, pour nous servir des expressions du jeune Saint-Pol, le bal était charmant, délicieux. L'élégance, la richesse, le goût national, le caprice, la légèreté, l'esprit de France avaient présidé au choix des déguisemens. Ajoutez à l'illusion, au mouvement prismatique de ces costumes variés, la magie, la fascination de la lumière, la féerie d'une réunion, d'un ciel de femmes couronnées de fleurs, ornées de guirlandes, brillantes de pierreries, vêtues de robes légères comme des nuages ; puis les sensations, le délire, l'extase de l'harmonie ; la joie, l'épanouissement des physionomies ; le bonheur miraculeux de tous les instans, de toutes les heures ; le délice de tenir dans ses bras une jeune femme, de presser sa taille souple, fragile, aérienne ; de lui surprendre un regard de satisfaction, de voir son trouble, son abandon gracieux, sa confiance dans le plaisir ; d'être soumis avec elle à la même séduction; d'être emportés l'un et l'autre dans le même tourbillon comme les images fantastiques d'un rêve... Non, rien n'est poétique, rien n'est français comme un bal.

Mademoiselle de Thrégohan était assise sur une causeuse, et madame de Pen-Mark se tenait debout devant elle, le coude appuyé sur le manteau de la cheminée, lorsqu'un murmure assez prolongé interrompit leur entretien secret.

— Eh bien, qu'arrive-t-il d'extraordinaire? dit madame de Pen-Mark, en regardant de tous côtés et traversant des groupes de jeunes hommes auxquels elle adresse en passant quelques mots de bienveillance. Ah! mon Dieu, poursuit-elle en détournant la tête, est-ce M. le comte de Kerval qui excite l'admiration de ces dames?... Et aussitôt elle revient auprès de mademoiselle de Thrégohan.

— Ma chère Ernestine, lui dit-elle, votre protégé fera du bruit ce soir, son costume est en vérité charmant.

— Madame, dit Kerval, en s'inclinant jusqu'à terre, voudriez-vous agréer l'hommage d'un chevalier français?

— Si j'étais la dame de vos pensées, répond brusquement madame de Pen-Mark, j'aurais plus d'un reproche à vous adresser.

— A moi?...

— A vous-même, noble chevalier, impitoyable chasseur.

— Comment, vous savez!... parole d'honneur, je ne puis sortir de Thrégohan sans que l'on en soit instruit à dix lieues à la ronde... Et vous, mademoiselle Ernestine, connaissiez-vous aussi mon fait d'armes de chasseur?

— Oui, monsieur, répond mademoiselle de Thrégohan sans oser lever les yeux.

— Je suis confus, je me sens indigne, mesdames, de cette préférence d'attention que vous m'accordez... Ah! voici ce cher Saint-Pol, il faut que je lui parle... Madame de Pen-Mark, recevez mon compliment sur le décor de votre salle; nous sommes ici dans un palais enchanté.

— Oh, le fat! dit à voix basse madame de Pen-Mark, dès que Kerval se fut éloigné... Et cet homme avait fait tourner la tête à une femme d'esprit!...

— M. de Kerval a tant de douceur, tant de

franchise dans la physionomie; il était si bon, si prévenant...

— C'est bien à vous, ma chère, de prendre la défense d'un homme qui vous ruinait sans notre intervention, dit madame de Pen-Mark en jetant sur Ernestine un coup d'œil de vivacité et presque de colère.

— Mon Dieu! je n'eusse point blâmé ma tante de disposer de sa fortune selon ses désirs.

— Très bien, mais nous lui en aurions fait un crime, nous, entends-tu? Beau petit mari, ma foi, qu'un fat amoureux de sa personne! Souviens-toi du récit que nous a fait ta pauvre tante. Conçoit-on une ingratitude si noire, une impertinence si honteuse?... Six mois ne se sont pas écoulés et déjà il insulte aux bienfaits d'une femme qui l'a tiré de l'obscurité, de la misère; qui pendant cinq longues années a été sa providence; qui s'était aveuglée de lui jusqu'à vouloir lui donner sa main. Je le dis, je le répète, ton Kerval est un homme affreux.

— Vous savez, madame, que je puis le plaindre et non pas l'accuser.

— Je sais que tu extravagues... Sa chute

sera terrible, je l'avoue, mais il mérite une telle punition. Il ne sera plaint de personne ; on applaudira à la détermination que j'ai fait prendre à ma pauvre amie...

— Il sera bien malheureux. Si l'on avait pu le corriger, sans le perdre ?

— On ne se corrige pas des défauts qui tiennent à un vice organique du cœur... L'épreuve était facile, il n'a pu la soutenir jusqu'au bout... Le voici qui s'approche, je te laisse ; suis les conseils que je t'ai donnés : il est toujours permis de se jouer d'un fat.

A ces mots madame de Pen-Mark va prendre le bras du jeune Saint-Pol et se promène autour de la salle en adressant quelques mots gracieux aux personnes des secondes banquettes.

5. LA VALSE OUBLIÉE.

— Il me tardait de vous trouver seule, dit Kerval en s'appuyant sur la causeuse de mademoiselle de Thrégohan. Je suis persuadé que madame de Pen-Mark vous indisposait contre moi.

— Y serait-elle autorisée ?

— Si je ne craignais de blesser votre modestie, je pourrais vous en accuser, Ernestine.

— Moi, monsieur! répond d'une voix timide mademoiselle de Thrégohan, et d'une main distraite elle ouvre et ferme son éventail.

Dans ce moment une grande agitation se manifeste dans le bal; les danseurs se heurtent, se croisent, courent, se précipitent; l'orchestre s'accorde, il prélude, il joue : c'est une valse... Mademoiselle de Thrégohan avait refusé vingt personnes pour cette valse qu'elle avait promise depuis long-temps à Kerval. Elle comptait bien sur l'engagement qu'elle avait pris, sur la parole qu'on lui avait donnée, sur le plaisir de cette valse... Et Kerval, léger, égoïste, indiscret, lui enlevait cette part de joie, de triomphe, car c'est une gloire pour une jeune femme d'avoir toutes les valses, toutes les contre-danses.

— Ernestine, dit Kerval en prêtant à sa physionomie une expression de sincérité qui n'est pas dans son cœur,... si vous me jugiez avec moins de prévention... s'il m'était permis de vous dévoiler le fond de ma pensée, de vous confier un secret ?...

— Savez-vous ? interrompt Ernestine en montrant du bout de son éventail la barbe postiche de M. de Kerval... Vous me rappelez trait pour trait les jeunes seigneurs de la cour de François Ier.

— A merveille, dit Saint-Pol qui passe, en valsant avec madame de Pen-Mark, derrière la causeuse de mademoiselle de Thrégohan; je comprends au geste d'Ernestine qu'elle se venge de la fatuité oublieuse de Kerval... Quelle figure déconcertée !

— Ne vous y trompez pas Saint-Pol, répond madame de Pen-Mark, Ernestine lui pardonnera bien des impertinences.

— Ernestine prend sa défense et l'écoute par amour-propre. Si Kerval interrompait un instant ses assuidités, ses complaisances, elle finirait par l'oublier.

— Ce n'est point le portrait de sa tante; je n'ai jamais connu personne de si entêté dans ses affections que cette chère amie... Saint-Pol, je crois que l'on a les yeux sur nous, poursuit madame de Pen-Mark; allons, beau garçon, montrez que vous valsez à ravir !...

Et voici qu'ils se balancent, tournent, traversent la salle et se perdent dans la foule, dans un tourbillon de valseurs. Ainsi viennent s'engouffrer dans cette grande fermentation d'idées qui caractérise le type du monde social, toutes ces réputations aveugles, petites idoles élevées à grands frais par l'ignorance ou la courtisanerie.

M. de Kerval était encore appuyé sur la causeuse de mademoiselle de Thrégohan. Il avait entièrement oublié le bal ; il s'exprimait avec une mélancolie, avec un accent de douleur qui eût touché, amolli un cœur de fer.

— Vous avez fait vœu, mademoiselle, de ne me permettre jamais un entretien sérieux avec vous, dit Kerval en réprimant son dépit... Dieu sait que je n'ai d'autre désir que de vous parler de vous seule, de votre avenir ; car vous faire l'aveu de mon amour ne serait pas le moyen de vous plaire.

— Prenez garde, monsieur de Kerval, je suis très intéressée... Vous oubliez que si le testament de madame de Thrégohan ne vous défend pas d'aimer, il vous impose pendant six mois l'obligation de ne pas l'avouer.

— Je le sais, Ernestine, et ne veux pas me rétracter... Vous pouvez déposer de ma franchise contre moi-même... le malheur me serait bien léger s'il me venait de vous...

— Ah, monsieur! Paris! Paris est toujours au fond de votre cœur!...

— Oui, car mon séjour y fut triste, affreux comme les tourmens que j'endure. La mort de votre tante qui vint me mettre en deuil, m'arracher à ce Paris que j'avais cru pouvoir aimer, me fut bien moins cruelle que la rigueur dont vous m'accablez.

— Six mois, c'est bien court, et vos sentimens ont bien changé!

— Ah! ce n'est point à vous de m'en faire un reproche...

— Vous affectez de ne pas me comprendre.

— Moi?...

— Vous avez regretté madame de Thrégohan, dites-vous, et l'on vous accuse aujourd'hui d'insulter à sa mémoire... est-ce une calomnie?

— Non, Ernestine... Je confesse mon ingratitude, on ne vous a point trompée. Il est vrai... Mais à quoi me servirait d'avouer la cause de cet égarement que le monde me reproche à juste titre? vous douteriez de ma sincérité.

— C'est bien mal me juger, répond Ernestine. Et son front devient rouge de pudeur.

— Vous le dirai-je, Ernestine... depuis trois mois, depuis votre sortie du couvent, j'ai commencé une existence nouvelle. Mes idées, mes goûts les plus intimes, mon espoir, mes désirs, tout a changé par vous... M'accuserez-vous de blâmer, de haïr toute pensée qui ne sait pas vous comprendre? Est-ce un tort à vos yeux de m'être fidèlement rappelé l'aversion que vous inspiriez à votre tante, et l'abandon où elle vous a laissée jusqu'à sa mort?... Je ne vous connaissais pas Ernestine, que je prenais votre défense, que je vous aimais d'intérêt, de bienveillance, d'émotion... Je n'ai jamais conçu que l'on vous ait fait un crime d'être née d'une mère pauvre... Vous me croyez, Ernestine!... Ah! puisqu'il faut tout avouer, je vous jure que si j'ai accepté la fortune de madame de Thrégohan à des conditions humiliantes, ce n'a été que dans le but de la partager avec vous.

— Monsieur, dit Ernestine les yeux humides de larmes, vous n'auriez pas grand mérite à me tromper... Elle garde un moment le silence, puis elle ajoute : — J'aurais une grâce à vous demander.

— Parlez, ordonnez, que voulez-vous de moi ?

— Votre faute n'est pas irréparable...

— Vous serez obéie, Ernestine... Oui, vous ne pouvez oublier que vous êtes nièce de madame de Thrégohan. Je ferai amende honorable à sa tombe, car je l'ai outragée ; vous en serez témoin, vous jugerez si mon repentir mérite que vous me pardonniez, vous, Ernestine, car l'opinion publique m'inquiète bien peu.

— Que me demandez-vous ?

— Une preuve d'estime, de confiance ; je vous en conjure, par pitié ne me refusez pas, vous me feriez douter du bonheur de vous appartenir jamais, je ne me croirais plus digne de vous !

Cette déclaration pressante fut interrompue par madame Pen-Mark.

— Eh bien, dit-elle, en regardant Kerval, vous êtes donc étranger au bal, monsieur? Et vous, ma chère Ernestine, seriez-vous indisposée, que vous ne dansez pas?

Kerval se sentit déconcerté par le ton brusque et les questions directes de madame de Pen-Mark. Il tourna sur le talon en fredonnant un air de chasse, et se perdit dans un groupe de jeunes gens.

Mademoiselle de Thrégohan devint triste, pensive, distraite, malgré les contre-danses et les valses qu'elle notait sans discontinuer. Elle était si jolie, mademoiselle de Thrégohan, avec ses grands yeux noirs coupés en amandes, ses lèvres fraîches, vermeilles et caressées d'un léger sourire; elle avait tant de grâce dans sa tournure, dans le moindre de ses mouvemens, dans ses bras mollement arrondis, dans la pause de sa tête, dans toute sa personne, qu'on s'enorgueillissait de danser avec elle.

Mademoiselle de Thrégohan se reposait d'une montérine, lorsque M. de Kerval s'approcha d'elle, et lui dit : — Ernestine, il me faut partir, l'heure m'appelle à Cléiden. Me laisserez-vous m'éloigner sans une réponse favorable ?

— Mon Dieu... c'est beaucoup de confiance, répond à voix basse mademoiselle de Thrégohan.

— A minuit, vous le savez, je me rends au tombeau de votre tante, poursuit Kerval ; à cette heure les regards indiscrets ne sont plus à craindre.

— Le Recteur de Cléiden veille jusqu'à minuit.

— Eh bien, après demain, à une heure du matin... Adieu, je vous aimerai toute la vie !

Aussitôt Kerval quitte précipitamment la salle. Comme il traverse un long corridor, il rencontre Saint-Pol : — Ah ! te voici, Werther ! lui dit-il ; et lui frappant sur l'épaule et le regardant d'un œil de pitié : — Ce cher ami, ajoute-t-il, c'est bien le meilleur garçon que je connaisse... Au revoir, Saint-Pol !... Et il sort en riant aux éclats.

5. UNE HEURE.

Une lampe brûlait dans une petite chapelle votive du cimetière de Cléiden : la bise frémissait sur le vitrage et sifflait à travers les barreaux d'un ossuaire où la vieille Marguerite disposait avec art les reliques poudreuses des morts.

— Quel temps ! ma commère Yvonne, dit-elle en descendant de l'ossuaire dans la chapelle votive... Il s'est commis quelque grand péché, le ciel est irrité contre nous.

— C'est la troisième nuit que je passe à balayer, répond Yvonne, et la tempête n'a point cessé. Les rochers de Cléiden hurlent comme des loups... Ah, Marguerite ! que l'on est à plaindre d'être la femme d'un marin !

— Patience, ma commère, patience ; la Providence a bien ses vues.

— Votre homme, Jean, a ouï hier au soir le cri de la fresaie autour du rocher de Garrec ; n'en doutez pas, ma pauvre Marguerite, le chariot de la Mort a passé dans Cléiden ; malheur à nous !...

— Vous êtes superstitieuse comme une jeune mariée, ce n'est pas bien, répond la femme du fossoyeur en hochant la tête. Votre mari n'a rien à craindre, je vous le garantis, il porte au cou une relique de saint Nicolas.

— Que Dieu vous écoute! dit Yvonne en faisant un signe de croix.

Ensuite elle prend une poignée de la poussière qu'elle a balayée devant l'autel de Notre-Dame-de-Bon-Secours, et la jetant en l'air, dit :

Vierge sainte, protégez-les au passage du Raz ;
La mer est si grande, et leur barque est si petite!

— Ainsi soit-il! répond Marguerite... Holà, ma commère! poursuit-elle, une heure va bientôt sonner, retirons-nous, le sommeil me gagne.

— A votre volonté, réplique Yvonne en saluant, ainsi que la vieille Marguerite, une image en plâtre de la Vierge, placée dans une niche entre deux chandeliers de bois qui décorent l'autel... Et les deux femmes se retirent.

— Marguerite, dit tout bas Yvonne en sortant de la chapelle... Jésus, Maria! qu'est-ce donc qui se glisse comme un revenant parmi les croix du cimetière?

— Soyez en paix, celui-ci ne vous fera point de mal, réplique Marguerite. Et elle ferme à double tour la porte de la chapelle.

— Il me semble qu'il marche vers nous!

— Laissez-le venir.

Marguerite achevait à peine sa réponse, que déjà Kerval lui avait adressé de vifs reproches.

— Non, non, point d'excuses, s'écrie-t-il tout à coup en prenant par le bras la vieille Marguerite et la menant dans sa chaumière; Jean a livré la clef du tombeau; j'en ai la preuve...

— Ah, monsieur! répond Marguerite en pleurant, je vous jure par tous les saints du paradis que Jean n'a point commis cette indiscrétion; je ne l'aurais pas souffert, monsieur.

— Comment ces brisures de portrait se sont-elles trouvées sur la tombe de madame de Thrégohan?... Eh bien, que me répondras-tu?... Va, je te retire ma protection... Où est Jean?

— Monsieur, il vous a attendu bravement

jusqu'à minuit. Voyant que vous n'arriviez pas, il est sorti; et c'est bien contre ma volonté. Chaque nuit il me quitte à la même heure; cela me tracasse, voyez-vous; Jean est un homme faible, et j'ai crainte...

— Allons, ne pleure plus, interrompt Kerval après un moment de silence, les larmes des vieillards me font mal. Je crois que tu n'as ouvert le tombeau à personne; je pardonnerai à ton mari en faveur de ton dévouement à ma personne; mais je veux qu'il m'avoue sa faute... Kerval fait une pose de quelques minutes; après quoi, s'adressant à Yvonne, il lui dit : — Éloigne-toi pour un instant.

— Monsieur, je me retire, il est tard.

Yvonne sort, et Kerval s'assied sur un escabeau près du foyer où brûlent des morceaux de planches couverts de terre, mangés des vers et tout récemment exhumés en creusant de nouvelles fosses. — Or çà, Marguerite, dit-il, bientôt un événement étrange se passera au cimetière; garde-toi de le troubler! il doit être un mystère pour toi... Tiens, voici dix louis que je te donne, que ta porte reste close... Peut-être entendras-tu des cris...

— Des cris, monsieur! que me dites-vous là, bon Dieu! Ah! reprenez votre argent, je ne veux pas me compromettre; vous me faites trembler!

— Tu as raison, dit Kerval en dissimulant son impatience, tu ne peux me comprendre... Va chercher ton mari.

— Où voulez-vous que je le trouve, à l'heure qu'il est?

— Au cabaret du chemin de Pont-Croix.

— Serait-il vrai! s'écrie Marguerite en pâlissant; mon mari au cabaret!... miséricorde!... Oui, je vais aller le sortir de ce gouffre, le tirer de cette perdition... Grand Dieu! quel malheur! voilà donc la cause de ses courses nocturnes... Attendez-moi, je reviens à l'instant: quoique vieille, j'ai encore bonne tête et bon pied.

Marguerite laisse Kerval livré à de sombres pensées et le regard fixé sur l'aiguille de sa montre.

— Sainte Vierge! disait la vieille femme en marchant, comme j'étais trompée!... j'aurais mis la main au feu que Jean n'était pas ivrogne.

— Hé ! hé ! Marguerite !

— Qui donc m'appelle ?

— C'est moi, répond Yvonne qui était accroupie derrière la chapelle de Notre-Dame-de-Bon-Secours. Venez donc, que je vous dise : où allez-vous si vite ?

— Quérir mon mari.

— Bah ! prenez-y garde, Marguerite ; j'ai tout entendu, et je crains bien que vous n'alliez au malheur. Croyez-moi, il ne faut jamais troubler le vin... Asseyez-vous là un moment... J'ai quelque chose à vous conter... J'ai vu une personne, une femme...

— Vrai ! répond Marguerite. Et, sans plus tarder, elle s'assied à côté de la commère Yvonne.

Cependant la montre de Kerval marque une heure du matin ; ce signal le fait tressaillir. Il se lève, et se blâmant de l'impression de timidité qu'il éprouve : — C'est bien singulier, dit-il, aurais-je peur d'une jeune fille, moi, Kerval !... Il sourit amèrement à cette exclamation, et se dirige vers le tombeau de madame de Thrégohan.

7. L'APPARITION.

Ernestine était au rendez-vous.

Lorsque Kerval l'aperçut debout à l'entrée du tombeau, la tête penchée sur son sein, les bras tombans, les mains jointes dans l'attitude de la méditation, il se sentit ému; il s'arrêta à contempler l'embarras, la tristesse de cette pauvre fille si confiante, si grande de pensées, de sentimens... Ernestine voulait être l'ange tutélaire de Kerval; elle avait pris généreusement sa défense, obtenu le pardon de son ingratitude; elle se trouvait heureuse de le sauver d'une chute terrible, de répondre à ses protestations par le dévouement de toute sa vie; elle rêvait selon son cœur, Ernestine; elle voyait dans l'avenir le bonheur de Kerval... Et lui!... après un instant de compassion, il s'approche de mademoiselle de Thrégohan; il se jette à ses genoux, lui prend la main, la couvre de baisers, la serre contre son cœur, la retient entre ses mains tremblantes. — Ernestine, lui dit-il, vous me repoussez, ici, près du tombeau de votre tante?... Et le misérable, il pleure, il sanglotte en prononçant ces paroles. — Non, poursuit-il d'une voix oppressée, non, vous n'avez aucune pitié de moi !

— Kerval, répond Ernestine troublée, pourquoi donc suis-je en ces lieux?

— Ah! s'il était vrai que vous fussiez touchée de l'amour qui me dévore... Ernestine!

Il n'ose achever. Sa tête, comme si la douleur l'eût accablée, se penche sur le sein de la jeune fille; il sent, il écoute, il consulte tous les mouvemens de son cœur; il jouit de son émotion, de son trouble; il se rapproche d'elle, il l'attire contre sa poitrine...

— Que faites-vous ?... dit Ernestine en appuyant ses mains sur Kerval et s'efforçant de le repousser... J'en appelle à votre promesse; je me suis confiée à votre honneur.

— N'importe, répond Kerval en se livrant tout à coup à la violence, à la noirceur de son caractère... je ne puis me rendre à vos instances; vous êtes à moi, à moi, Ernestine veux te posséder de toute la force, de tout le feu de mes désirs... Et il la presse dans ses bras.

— Monsieur de Kerval, dit Ernestine en détournant la tête et se cachant le visage dans ses mains, d'un seul mot je puis vous perdre; laissez-moi.

— Je n'ai rien à craindre, répond Kerval.

Et il la bâillonne avec son mouchoir... Ernestine épouvantée tombe à ses genoux; lève vers lui ses mains suppliantes; elle le prie du regard, elle pleure, et Kerval est inflexible; il devient furieux par la résistance qu'il éprouve; il emploie toute sa brutalité; il lui meurtrit les bras, à cette pauvre fille; il lui arrache son manteau, lui déchire ses vêtemens, la maltraite dans une lutte opiniâtre, et la renverse contre terre, haletante, suffoquée, les cheveux épars, couverte de lambeaux, à demi nue, et les bras raidis vers le ciel par un mouvement convulsif.

— Marguerite! Marguerite! s'écrie Yvonne en approchant du carrefour... la voici! la voici! au secours!...

Kerval, troublé par cette voix qu'il a reconnue, laisse sa victime. Ernestine se relève, se précipite aussitôt dans la chapelle, et tombant sur les marches du tombeau: « Ma tante! à mon secours! s'écrie-t-elle.

— Les morts ne reviennent pas, dit Kerval en s'élançant sur Ernestine, après avoir fermé la porte de la chapelle.

— Arrête! s'écrie une voix sépulcrale.

Et tout à coup la pierre du tombeau s'ouvre; madame de Thrégohan paraît suivie du fossoyeur et du recteur de Cléiden.

— Ah, ma fille! dit madame de Thrégohan effrayée du désordre, de l'égarement et de la nudité de sa nièce... quel excès d'outrage! Monsieur, poursuit-elle en s'adressant à Kerval dont la pâleur, le regard fixe et la contraction des lèvres ont quelque chose d'effrayant... les insultes que vous prodiguiez à mon souvenir m'avaient éclairée sur le parti qu'il me restait à prendre. Votre attachement pour moi n'était qu'une hypocrisie, une dérision; j'aurais dû m'en douter : vous êtes encore si jeune!... Mais, je l'avoue, j'étais aveuglée; vous m'avez bien corrigée... Ne croyez pas que j'eusse l'intention d'agir en femme courroucée, et de vous accabler de mon res-

11

sentiment. Non, je vous avais pardonné; je m'étais flatté que votre cœur pouvait être vrai auprès d'Ernestine; j'avais compté sur la sincérité de votre repentir; j'aimais encore à vous juger capable d'un retour à l'honneur. Vous le dirai-je, monsieur, votre pensée m'était chère malgré votre noire ingratitude; je me trouvais heureuse de répondre au désir de ma nièce, de vous accorder sa main, de vous chérir désormais comme le fils de mon adoption. Votre perversité s'est trahie... Allez, la malédiction du ciel vous a frappé!...

A ces mots le recteur de Cléiden et le fossoyeur prennent Ernestine dans leurs bras : elle s'était évanouie. Ils descendent les escaliers du tombeau, et, traversant une galerie souterraine, ils entrent dans la maison que madame de Thrégohan habitait depuis six mois, et y déposent leur fardeau.

CONCLUSION.

Quelques jours après cette catastrophe, la mer, en se retirant, laissa sur la grève, entre Cléiden et Douarnenez, un cadavre enlacé d'algues, et qui rejetait le sang par les narines. Le recteur de Cléiden demanda que ce cadavre ne fût point exposé. On l'inhuma en secret, dans un lieu désert, et sur la pierre tombale le nom du mort ne fut pas gravé.

Vte DE MARQUESSAC.

UN BAL MASQUÉ,

DRAME.

J'avais dit que je n'y étais pour personne : un de mes amis força la consigne.

Mon domestique annonça M. Antony R... J'aperçus derrière la livrée de Joseph le coin d'une redingote noire ; il était probable que le porteur de la redingote avait, de son côté, vu un pan de ma robe de chambre ; impossible de me celer : — Très bien ! qu'il entre, dis-je tout haut : qu'il aille au diable ! dis-je tout bas.

Lorsqu'on travaille, il n'y a que la femme que l'on aime qui puisse impunément vous déranger, car elle est toujours pour quelque chose au fond de ce que l'on fait.

J'allais donc à lui avec ce visage à demi maussade d'un auteur interrompu dans un de ces momens où il craignait le plus de l'être, lorsque je le vis si pâle et si défait, que les premiers mots que je lui adressai furent ceux-ci : — Qu'avez-vous ? Que vous est-il arrivé ?

— Oh ! laissez-moi respirer, dit-il, je vais vous dire cela; d'ailleurs c'est peut-être un rêve, ou peut-être suis-je fou.

Il se jeta sur un fauteuil et laissa tomber sa tête dans ses deux mains.

Je le regardai avec étonnement : ses cheveux étaient mouillés par la pluie, ses bottes, ses genoux et le bas de son pantalon étaient couverts de boue. J'allai à la fenêtre, je vis à la porte son domestique et son cabriolet, je n'y comprenais rien.

Il vit ma surprise. — J'ai été au cimetière du Père Lachaise, dit-il.

— A dix heures du matin ?

— J'y étais à sept... Maudit bal masqué !

Je ne devinais pas ce qu'un bal masqué et le Père Lachaise avaient à faire ensemble, je pris mon parti, et tournant le dos à la cheminée, je me mis à rouler un cigaritos entre mes doigts, avec le flegme et la patience d'un Espagnol.

Lorsqu'il fut arrivé à son point de perfection, je le tendis à Antony, que je savais très sensible ordinairement à ce genre d'attention.

Il me fit un signe de remerciment, de la tête, mais il repoussa ma main.

Je me baissai afin d'allumer le cigaritos pour mon propre compte; Antony m'arrêta.

— Alexandre, me dit-il, écoutez-moi, je vous en prie.

— Mais il y a un quart d'heure que vous êtes là et que vous ne me dites rien.

— Oh! c'est une aventure bien étrange.

Je me relevai, posai mon cigare sur la cheminée, et croisai les bras comme un homme résigné; seulement je commençais à croire comme lui qu'il pouvait bien être devenu fou.

— Vous vous rappelez le bal de l'Opéra où je vous rencontrai? me dit-il après un instant de silence.

— Le dernier, où il y avait deux cents personnes au plus?

— Celui-là même : je vous quittai dans l'intention de me rendre à celui des Variétés, dont on m'avait parlé comme d'une curiosité au milieu de notre époque si curieuse : vous voulûtes me dissuader d'y aller, une fatalité m'y poussait. Oh! pourquoi n'avez-vous pas vu cela, vous? vous qui avez des mœurs à retracer. Pourquoi Hoffman ou Callot n'étaient-ils point là pour peindre le tableau à la fois fantastique et burlesque qui se déroula sous mes yeux? Je venais de quitter l'Opéra vide et triste, je trouvai une salle pleine et joyeuse: corridors, loges, parterre, tout était encombré; je fis le tour de la salle, vingt masques m'appelèrent par mon nom et me dirent le leur. C'étaient des sommités aristocratiques ou financières, sous d'ignobles déguisemens de Pierrots, de Postillons, de Paillasses ou de Poissardes. C'étaient tous jeunes gens de nom, de cœur, de mérite; et là, oubliant famille, arts, politique, rebâtissant une soirée de la régence, au milieu de notre époque grave et sévère. On me l'avait dit, et cependant je ne l'avais pas cru!... Je remontai quelques marches, et m'appuyant contre une colonne, à demi caché par elle, je fixai les yeux sur ce flot de créatures humaines qui se mouvait au-dessous de moi. Ces dominos de toutes les couleurs, ces costumes bigarrés, ces déguisemens grotesques, formaient un spectacle qui ne ressemblait à rien d'humain. La musique se mit à jouer. Oh! ce fut alors!... ces étranges créatures s'agitèrent aux sons de cet orchestre dont l'harmonie n'arrivait à moi qu'au milieu de cris, de rires, de huées; elles s'accrochèrent les unes aux autres par les mains, par les bras, par le cou; un long cercle se forma, commençant un mouvement circulaire, danseurs et danseuses frappant du pied, faisant jaillir avec bruit une poussière dont la lumière blafarde des lustres rendait les atomes visibles, tournant dans leur vitesse croissante; avec des postures bizarres, des gestes obscènes, des cris pleins de débauche, tournant toujours plus vite, renversés comme des hommes ivres, hurlant comme des femmes perdues, avec plus de délire que de joie, avec plus de rage que de plaisir, semblables à une chaîne de damnés qui accomplit sous la verge des démons une pénitence infernale. Cela se passait sous mes yeux, à mes pieds; je sentais le vent de leur course; chacun de ceux que je connaissais me jetait en passant un mot à me faire rougir. Tout ce bruit, tout ce bourdonnement, toute cette confusion, toute cette musique étaient dans ma tête comme dans la salle : j'arrivais promptement à ne plus savoir si ce que j'avais devant les yeux était songe ou réalité, j'arrivais à me demander si ce n'était pas moi qui étais insensé et eux qui étaient raisonnables; il me prenait d'étranges tentations de me jeter au milieu de ce pandœmonium, comme Faust à travers le sabbat, et je sentais qu'alors j'aurais des cris, des gestes, des postures, des rires comme les leurs. Oh! de là à la folie il n'y avait qu'un pas. Je fus épouvanté, je me jetai hors de la salle, poursuivi jusqu'à la porte de la rue par des hurlemens qui ressemblaient à ces rugissemens d'amour qui sortent d'une caverne de bêtes fauves.

Je m'étais arrêté un instant sous le portique pour me remettre ; je ne voulais pas me hasarder dans la rue avec tant de confusion encore dans l'esprit; peut-être n'aurais-je pas retrouvé mon chemin, peut-être me serais-je jeté sous les roues d'une voiture que je n'aurais pas vue venir. J'étais comme doit être un homme ivre qui commence à retrouver assez de raison dans son cerveau obscurci pour s'apercevoir de son état, et qui sentant revenir la volonté mais non pas encore le pouvoir, s'appuie immobile, les yeux fixes et atones, contre une borne de la rue, ou contre un arbre d'une promenade publique.

En ce moment une voiture s'arrêta devant la porte, une femme descendit de la portière, ou plutôt s'en précipita. Elle entra sous le péristyle, tournant la tête à droite et à gauche comme une personne égarée : elle était vêtue d'un domino noir, avait la figure couverte d'un masque de velours. Elle se présenta à la porte.

— Votre billet? lui dit le contrôleur.

— Mon billet? répondit-elle, je n'en ai pas.

— Alors prenez-en un au bureau.

Le domino revint sous le péristyle, fouillant vivement dans toutes ses poches : — Pas d'argent! s'écria-t-elle. Ah! cette bague...

Elle tira de son doigt un diamant qui pouvait valoir mille écus et alla au bureau.

— Un billet d'entrée pour cette bague, dit-elle.

— Impossible, répondit la femme qui distribuait les cartes, nous ne faisons pas de ces marchés-là. Et elle repoussa le brillant, qui tomba à terre et roula de mon côté.

Le Domino était resté sans mouvement, oubliant l'anneau, abîmé dans une pensée.

Je ramassai la bague et la lui présentai.

Je vis à travers son masque ses yeux se fixer sur les miens ; elle me regarda un instant avec hésitation, puis tout à coup passant son bras sous le mien : — Il faut que vous me fassiez entrer, me dit-elle, par pitié, il le faut.

— Je sortais, madame, lui dis-je.

— Alors donnez-moi six francs de cette bague, et vous m'aurez rendu un service pour lequel je vous bénirai toute ma vie.

Je lui remis l'anneau au doigt, j'allai au bureau, je pris deux billets. Nous rentrâmes ensemble.

Arrivés dans le corridor, je sentis qu'elle chancelait : elle forma alors, avec sa seconde main, une espèce d'anneau autour de mon bras. — Souffrez-vous ? lui dis-je. — Non, non, ce n'est rien, reprit-elle, un éblouissement, voilà tout... Elle m'entraîna dans la salle.

Nous rentrâmes dans ce joyeux Chárenton. Trois fois nous en fîmes le tour, fendant à grand'peine ces flots de masques qui se ruaient les uns sur les autres, elle tressaillant à chaque parole obscène qu'elle entendait, moi rougissant d'être vu donnant le bras à une femme qui osait entendre de telles paroles, puis nous revînmes à l'extrémité de la salle : elle tomba sur un banc. Je restai debout devant elle la main appuyée sur le dossier de son siége.

—Oh! cela doit vous paraître bien bizarre, dit-elle, mais pas plus qu'à moi, je vous le jure; je n'avais aucune idée de cela (elle regardait le bal); car je n'avais pas même pu voir de telles choses dans mes rêves. Mais on m'a écrit, voyez-vous, qu'il serait ici avec une femme, et quelle femme doit-ce être que celle qui peut venir dans un pareil lieu !

Je fis un geste d'étonnement; elle le comprit.

— J'y suis bien, n'est-ce pas, voulez-vous dire ? Oh! mais moi c'est autre chose, moi je le cherche, moi je suis sa femme. Ces gens, c'est la folie et la débauche qui les poussent ici. Oh! moi, moi, c'est la jalousie infernale ; j'aurais été partout le chercher, j'aurais été la nuit dans un cimetière, j'aurais été en Grève le jour d'une exécution, et cependant je vous le jure, monsieur, jeune fille, je ne suis jamais sortie une fois dans la rue sans ma mère ; femme, je n'ai pas fait un pas dehors sans être suivie d'un laquais, et cependant me voilà ici comme toutes ces femmes qui en savent le chemin, me voilà donnant le bras à un homme que je ne connais pas, rougissant sous mon masque de l'opinion que je dois lui inspirer! Je sais tout cela!... Avez-vous été jaloux, monsieur?

— Affreusement, répondis-je.

— Alors vous me pardonnez, vous savez tout. Vous connaissez cette voix qui vous crie : Va!... comme à l'oreille d'un insensé ? Vous avez senti ce bras qui vous pousse à la honte et au crime comme celui de la fatalité ? Vous savez qu'en un pareil moment on est capable de tout, pourvu que l'on se venge ?

J'allais lui répondre, elle se leva tout à coup les yeux fixés sur deux Dominos qui passaient en ce moment devant nous.

—Taisez-vous, dit-elle, taisez-vous ; et elle m'entraîna sur leurs traces. J'étais jeté au milieu d'une intrigue à laquelle je ne comprenais rien, j'en sentais vibrer tous les fils, et aucun ne pouvait me mener au but ; mais cette pauvre femme paraissait si agitée, qu'elle était intéressante. J'obéis comme un enfant, tant la voix d'une passion vraie est impérieuse, et nous nous mîmes à la suite des deux masques, dont l'un était évidemment un homme et l'autre une femme. Ils parlaient à demi voix, les sons arrivaient à peine à nos oreilles : —C'est lui, murmurait-elle, c'est sa voix. Oui, oui, c'est sa taille... Le plus grand des deux Dominos se mit à rire. — C'est son rire, dit-elle ; c'est lui, monsieur, c'est lui, la lettre disait vrai. Oh! mon Dieu, mon Dieu !

Cependant les masques avançaient et nous les suivions toujours ; ils sortirent de la salle, et nous en sortîmes après eux ; ils prirent l'escalier des loges, et nous le montâmes à leur suite ; ils ne s'arrêtèrent qu'à celles du cintre. Nous semblions leurs deux ombres : une petite loge grillée s'ouvrit, ils y entrèrent ; la porte se referma sur eux.

La pauvre créature, que je tenais sous le bras, m'effrayait par son agitation : je ne pouvais voir sa figure, mais pressée contre moi, comme elle l'était, je sentais battre son cœur, frissonner son corps, tressaillir ses membres : il y avait quelque chose d'étrange dans la manière dont arrivaient à moi ces souffrances inouïes dont j'avais le spectacle sous les yeux, dont je ne connaissais nullement la victime, et dont j'ignorais complétement la cause. Cependant pour rien au monde je n'aurais abandonné cette femme dans un pareil moment...

Lorsqu'elle avait vu les deux masques entrer dans une loge, et la loge se refermer sur eux, elle était restée un instant immobile et comme foudroyée, puis elle s'était élancée contre la porte pour écouter : placée comme elle était, le moindre mouvement dénonçait sa présence et la perdait ; je la tirai violemment par le bras, j'ouvris en poussant le ressort la loge contiguë, je l'y entraînai avec moi, j'abaissai la grille et tirai la porte. — Si vous voulez écouter, lui dis-je, du moins écoutez d'ici. Elle tomba sur un genou et colla son oreille contre la cloison, et moi je me tins debout de l'autre côté, les bras croisés, la tête inclinée et pensive.

Tout ce que j'avais pu voir de cette femme m'avait paru type de beauté ; le bas de son visage, que ne cachait pas son masque, était jeune, velouté, arrondi ; ses lèvres étaient vermeilles et fines ; ses dents, que faisaient paraître plus blanches encore le velours qui descendait jusqu'à elles, étaient petites, séparées, brillantes ; sa main était à mouler, sa taille à prendre entre les doigts, ses cheveux noirs, fins, soyeux, s'échappaient en profusion de la coiffe de son domino, et le pied d'enfant qui dépassait sa robe semblait avoir peine à soutenir ce corps tout léger, tout gracieux, tout aérien qu'il était. Oh! ce devait être une merveilleuse créature. Oh! celui qui l'aurait tenue dans ses bras, qui aurait vu toutes les facultés de cette âme employées à l'aimer, qui aurait senti sous son cœur ces palpitations, ces tressaillemens, ces spasmes névralgiques, et qui aurait pu dire tout cela, tout cela c'est de l'amour, de l'amour pour moi, pour moi seul au milieu des hommes, pour moi ange prédestiné oh! cet homme! cet homme!...

Voilà quelles étaient mes pensées quand tout à coup je vis cette femme se relever, se tourner vers moi, et me dire d'une voix entrecoupée et furieuse :—Monsieur, je suis belle, je vous le jure ; je suis jeune, j'ai dix-neuf ans ; jusqu'à présent j'ai été pure comme l'ange de la création, eh bien!... Elle jeta ses deux bras à mon cou. Eh bien, je suis à vous, prenez-moi !!...

Au même instant je sentis ses lèvres se coller aux miennes, et l'impression d'une morsure plutôt que celle d'un baiser courut par tout mon corps frissonnant et éperdu ; un nuage de flamme passa sur mes yeux.

Dix minutes après je la tenais entre mes bras, renversée demi-morte et sanglotante.

Elle revint lentement à elle, je distinguai à travers son masque ses yeux hagards, je vis le bas de sa figure pâle, j'entendis ses dents se heurter l'une contre l'autre comme dans le frisson de la fièvre, et je vois encore tout cela.

Elle se rappela ce qui venait de se passer,

tomba à mes pieds. — Si vous avez quelque compassion, me dit-elle en sanglotant, quelque pitié, détournez la vue de moi, ne cherchez jamais à me connaître, laissez-moi partir et oubliez tout ; je m'en souviendrai pour deux !...

A ces mots elle se releva rapide comme une pensée qui nous fuit, s'élança contre la porte, l'ouvrit, et se retournant encore une fois. — Ne me suivez pas, au nom du ciel, monsieur, ne me suivez pas! dit-elle.

La porte repoussée violemment se referma entre elle et moi, me la dérobant comme une apparition ; je ne l'ai pas revue.

Je ne l'ai pas revue, et depuis, depuis les dix mois qui se sont écoulés je l'ai cherchée partout, aux bals, aux spectacles, aux promenades ; toutes les fois que je voyais de loin une femme à la taille fine, au pied d'enfant, aux cheveux noirs, je la suivais, je m'approchais d'elle, je la regardais en face, espérant que sa rougeur allait la trahir. En aucun lieu je ne la retrouvai, nulle part je ne la revis... Que dans mes nuits, que dans mes rêves ! Oh ! là, là elle revenait ! Là je sentais ses étreintes, ses morsures, ses caresses si ardentes quelles avaient quelque chose d'infernal; puis le masque tombait, et le visage le plus étrange m'apparaissait, tantôt confus comme couvert d'un nuage, tantôt brillant comme entouré d'une auréole, tantôt pâle, avec un crâne blanc et nu, avec des yeux aux orbites vides, avec les dents vacillantes et rares : enfin depuis cette nuit, je n'ai pas vécu, brûlé d'un amour insensé pour une femme que je ne connais pas, espérant toujours et toujours déçu dans mes espérances, jaloux sans en avoir le droit, sans savoir de qui je devais l'être, n'osant pas avouer pareille folie, et cependant poursuivi, miné, consumé, dévoré par elle.....

En achevant ces mots, il tira une lettre de sa poitrine.

— Maintenant que je t'ai tout raconté, me dit-il, prends cette lettre et lis-la.

Je la pris et je lus.

« Peut-être avez-vous oublié une pauvre
« femme qui n'a rien oublié, elle, et qui meurt
« de ne pouvoir oublier ?

« Quand vous recevrez cette lettre, je ne

« serai plus. Alors allez au cimetière du Père
« Lachaise, dites au concierge de vous faire
« voir parmi les dernières tombes celle qui
« portera sur sa pierre funéraire le simple
« nom de Marie, et quand vous serez en face
« d'elle, agenouillez vous et priez. »

— Eh bien, continua Antony, j'ai reçu cette lettre hier, et j'y ai été ce matin. Le concierge m'a conduit à la tombe, et je suis resté deux heures à genoux, priant et pleurant.

Comprends-tu? Elle était là cette femme!... l'ame brûlante s'était envolée, le corps rongé par elle avait plié jusqu'à rompre sous le poids de la jalousie et du remords : elle était là, là sous mes pieds, et elle avait vécu et était morte inconnue pour moi, inconnue, et prenant dans ma vie une place, comme elle en prend une dans la tombe; inconnue!... et m'enfermant dans le cœur un cadavre froid et inanimé, comme elle en avait déposé un dans le sépulcre! Oh! connais-tu quelque chose de pareil? Sais-tu quelque événement aussi étrange? Ainsi maintenant plus d'espoir, je ne la reverrai jamais. Je creuserais sa fosse que je ne retrouverais pas des traits avec lesquels je pusse recomposer son visage, et je l'aime toujours, comprends-tu, Alexandre, je l'aime comme un insensé, et je me tuerais à l'instant pour la rejoindre si elle ne devait pas me rester inconnue dans l'éternité comme elle me l'a été dans ce monde.

A ces mots il m'arracha la lettre des mains, la baisa à plusieurs reprises, et se mit à pleurer comme un enfant.

Je le pris dans mes bras, et ne sachant que lui répondre, je pleurai avec lui.

Alex. Dumas.

L'AVOCAT.

SCENARIO.

On achevait de déjeuner.

Autour d'une table à thé étaient assises deux personnes : un homme au sourire fin, à la figure fortement dessinée et expressive ; une femme en négligé du matin, blanche et frêle comme la mousseline qui l'entourait. Un troisième personnage complétait cette scène, et, appuyé debout contre l'espagnolette de la fenêtre, avait l'air de regarder distraitement la grille dorée du Palais-de Justice, qui se trouvait en face de la maison.

L'homme assis et occupé alors à mettre en ligne quelques parcelles de sucre d'une éblouissante blancheur, était un avocat célèbre, marié depuis peu d'années ; et celui qui debout se tenait à quelques pas de là, sculpteur enthousiaste de son art, poëte de cœur, était un ami d'enfance du jurisconsulte fameux.

— Tu ne peux donc décidément venir ? dit l'avocat en se levant de table.

— Cela m'est impossible ! reprit l'artiste. Je te l'ai dit : je vais à la campagne.

— A la campagne au mois de novembre !
— J'y vais pour affaire.

— Dans ce cas, bon voyage ! et n'oublie pas, avant de partir, le grand air ! Sans cela, vois-tu, ma femme se fâcherait.

— Ah ! oui, dit la jeune femme en levant les yeux qu'elle tenait attachés sur les bizarres dessins d'une tasse en porcelaine de Chine ; si M. Mercey était assez bon pour m'apporter ce morceau ?

— Comment, madame ! mais rien n'est plus facile : le duo de la *Straniera ?*

— C'est cela même ! dit l'avocat. La *Straniera*, la *Forestiera*... Je ne sais trop comment vous appelez cela. Ces Bouffes, c'est d'un ennui !!!

— Qu'est-ce que tu dis donc ?
— Je dis ce que je pense. Avec leurs grands

morceaux, leurs roulades à n'en plus finir, ils m'assassinent impitoyablement; et bien certainement sans ma femme...

— Je vous remercie, monsieur, de vouloir bien vous ennuyer pour moi.

— Comment donc, ma chère! Mais c'est trop juste. Tu ne me dois pas de remercîmens. Un mari, c'est son état.

— Aussi tu n'aimes pas la musique!

— J'aime beaucoup la musique, au contraire! une musique agréable, une musique gentille comme dans les Deux Chasseurs et la Laitière, la Médecine sans Médecin, Blaise et Babet, etc! une foule de jolies pièces. Mais quant à tes opera seria, ta *Straniera*, j'y dors et je n'y comprends pas un mot; c'est-à-dire!... quand je dis pas un mot, je me trompe; lorsque Tamburini s'est écrié : Leopoldo! Leopoldo! j'ai tout de suite deviné que ça voulait dire Léopold.

— Eh bien! tu vois que tu commences à te former, dit l'artiste en souriant. Mais, adieu! je ne puis demeurer plus long-temps. Je vais faire quelques courses avant de partir.

— Et moi je vais travailler mon plaidoyer.

Alfred s'inclina et sortit.

— Ah ça! dit l'avocat en reconduisant son ami : tu ne vas pas rester cent ans à la campagne, de ce temps-ci?

— Je serai de retour aujourd'hui même.

— A la bonne heure! Tu vas sans doute recevoir la récompense de ta bravoure?

— Comment cela?

— Je ne t'interroge pas!

— Je le vois fort bien.

— Et tu as beau vouloir me cacher pour qui tu t'es battu il y a trois jours... Tu penses bien que je ne suis pas ta dupe?

— Je puis t'assurer, mon ami...

— De la discrétion! Comment donc! c'est magnifique!!! Mais il n'en est pas moins vrai que la belle dame dont tu as pris la défense si chaudement te doit de la reconnaissance. Il n'y a pas de mal à cela; il n'y a pas le moindre mal... et, comme on dit : reconnaissance c'est vertu.

— D'abord, ce n'est pas pour une femme. Tu te trompes.

— Un avocat se tromper! Par exemple, tu plaisantes! un avocat qui est habitué à tout découvrir, à tout deviner, à éclairer même la justice !

— Ce n'est pas une raison.

— Tu me feras croire peut-être que tu t'es battu pour la gloire, comme les chevaliers errans, les paladins d'autrefois? En 1832, mon cher, on n'est pas si dupe, et quand on fait une belle action, c'est qu'elle doit rapporter quelque chose. Moi je parle en faveur de l'innocence quand l'innocence a de l'argent à me donner; et tu n'es pas fait autrement qu'un autre.

— Je te jure que tu es dans l'erreur...

— Comme tu voudras. Je ne sais rien, je n'ai rien deviné; et, si tu veux, je ferai semblant de l'ignorer toujours. Adieu, monsieur l'impénétrable!

— Adieu!

— Un excellent enfant! dit l'avocat en entrant dans son cabinet; un homme de mérite! un sculpteur très distingué, dont la place est à l'Académie; mais il ne me fera pas croire qu'il n'a pas quelque intrigue, quelque... parce que moi-même qui suis marié, ça n'empêche pas... Ah! maintenant, il faut songer au travail, et ce n'est pas ce qu'il y a de plus amusant. Un procès! toujours des procès! Un mari qui plaide en séparation! Il a, parbleu, bien droit!! « Dans le cas où il y a lieu à la demande en divorce pour cause déterminée... » La loi est précise : « Pour cause déterminée, il sera libre aux époux de former demande en séparation. » Mon client détermine parfaitement la cause, trop bien pour lui, car c'est évident. Les preuves sont là. C'était pourtant, à ce que l'on dit, un excellent ménage. Qui est-ce qui les a amenés là? Un ami. Voilà ce que c'est que d'être trop confiant! Voilà ce que c'est que de permettre à sa femme... Aussi, ces maris méritent bien leur sort. Pourquoi sont-ils si faibles, si peu prévoyans! Par exemple, je suis bien sûr, moi, que jamais une pareille chose ne m'arrivera. Je ne sors que pour aller au Palais. Je ne m'occupe que de mon état. Je suis sévère, mais juste. Je ne vois personne, absolument personne, excepté Alfred, un ami d'enfance. Il est vrai que depuis quelque temps il vient bien souvent... Ce n'est pas étonnant : il est musicien ; ma femme aussi; ils se lancent tous deux dans le chromatique: et tant qu'ils ne feront que de la musique... Oui, mais c'est qu'on se lasse de faire toujours la même chose, et à la fin il pourrait bien arriver... A quoi, diantre, vais-je penser! Est-ce que j'aurais eu tort de souffrir?... Oh! non... l'amitié!... le devoir... Au fait, ça n'est pas toujours une raison, et j'ai sous les yeux mille exemples... Diable d'idée qui me vient là!! C'est ce maudit procès qui en est cause! Je le maudis, et peut-être, au lieu de le maudire, je dois le remercier; car qui sait si cela ne me sauve pas!.. On a tort de se fier comme cela aveuglément. Certainement, Amélie m'aime beaucoup; un contrat formel la lie; mais de nos jours les traités de paix ne sont pas si strictement observés qu'on ne puisse... Depuis quelques jours surtout, j'ai cru remarquer qu'Alfred mettait une assiduité!! Est-ce qu'ils seraient déjà tous deux d'accord? Non! non! cette assiduité me prouve le contraire. S'il était complétement heureux il ne serait pas aussi complaisant. Je connais ça. Il n'en est encore qu'aux préliminaires... les soupirs et les attentions délicates. Allons! ils ne s'entendent pas, et ils ne s'entendront jamais! Je suis là pour y mettre bon ordre. Ce n'est pas moi que l'on trompe! Et puisque mon bon génie m'éclaire, puisqu'il est encore temps de remédier au mal...

On frappa quelques coups légers à la porte du cabinet.

— Qui frappe? dit l'avocat.

— C'est moi! répondit Amélie. Puis-je entrer?

— Comment donc! ma chère amie, tu sais bien que tu ne me déranges jamais; au contraire.

— Vraiment?

— Sans doute.

— Hé bien! tant mieux, monsieur, car j'ai justement quelque chose à vous demander.

— Et tu ne me le disais pas, Amélie! c'est mal! c'est fort mal! et je me fâcherai. T'ai-je jamais refusé quelque chose?

— Mon Dieu! comme vous êtes aimable aujourd'hui...

— Aujourd'hui comme les autres jours, il me semble.

— Davantage.

— C'est possible, si tu le trouves. Voyons!

Que veux-tu ? quelque nouvelle parure ? J'irai moi-même l'acheter.

— Non, monsieur, ce n'est pas cela. Vous savez que je sors très rarement ?

— Très rarement ! c'est-à-dire...

— Oui, très rarement.

— Puisque tu le penses, je ne veux pas te contrarier là-dessus.

— Et demain je voudrais bien aller à l'Opéra.

— Ah ! diantre ! demain à l'Opéra ?

— Oui, monsieur.

— Demain ?

— Sans doute.

— Tu tiens à ce que ce soit demain ?

— Assurément !

— Cela ne sera pas facile !

— Pourquoi donc ?

— Pourquoi ? Tu sais bien que je n'ai pas une minute à moi, et que nous sommes venus loger vis-à-vis le Palais pour épargner un temps précieux.

— Oui, nous habitons là un joli quartier !

— Tu sais aussi que je n'ai jamais perdu une des causes de mes cliens ? Ma réputation est faite, et je ne voudrais pas la compromettre.

— Hé bien ?

— Hé bien ! demain j'ai à travailler un plaidoyer pour un malheureux qui est accusé d'un complot carliste. Je ne peux pas laisser ce pauvre diable...

— Allons !... puisque cela vous contrarie, je n'irai pas à l'Opéra.

— Que tu es bonne !

— Je veux bien encore vous céder.

— Crois que je suis bien reconnaissant !...

— Mais après-demain j'irai au bal de madame de Méral, et vous m'y conduirez.

— Chère amie... je ne demanderais pas mieux... mais...

— Quoi donc ?

— Après-demain j'ai à travailler un plaidoyer pour un malheureux qui est accusé d'un complot républicain. Je ne peux pas abandonner cet infortuné...

— Ah ! par exemple, c'est trop fort !

— Sois bien sûre que sans la nécessité...

— Je veux bien ne pas aller à l'Opéra, mais j'irai du moins au bal.

— Ma bonne amie, ce serait avec bien du plaisir; tu ne peux même concevoir jusqu'à quel point je suis contrarié de cela.

— Oh! je conçois fort bien...

— Non, je te dis... tu ne peux pas te faire une idée... Je suis contrarié! si tu savais!!! Je ne puis pas cependant t'accompagner à ce bal.

— Dans ce cas, je prierai M. Mercey de m'y conduire.

— Ah! c'est-à-dire!!!

— Comment!

— C'est-à-dire... si Mercey a le temps, car il n'est pas dit qu'il sera libre! On ne peut pas abuser comme cela de l'obligeance des personnes... ce n'est pas bien! ce n'est pas convenable!...

— M. Mercey est très complaisant.

— Oui, mais cela a un terme.

— S'il accepte?

— Il acceptera sans doute parce qu'il ne pourra faire autrement. Il y sera forcé. Je sais, moi, que cela le contrariera beaucoup.

— Et pourquoi donc?

— Parce que... ma chère amie! il est des choses que je ne puis trop te dire. Tu me fais des questions!!! tu devrais deviner. Est-ce que tu ne devines pas?

— Nullement, je vous assure.

— Tu penses bien qu'Alfred, qui est garçon, n'est pas comme moi, sage, rangé, studieux. Il n'est pas toujours comme moi dans son cabinet. Il court les bals, les fêtes...

— Hé bien! qu'est-ce que cela fait?

— Cela fait... Quelle demande! Cela fait, qu'étant galant, spirituel, bien fait, il doit plaire. Et, puisqu'il faut tout te dire, il y a dans le monde une dame que je ne te nommerai pas, et qui a des droits à ses instans.

— Alors! dit Amélie froidement, je me garderai bien de le prier de m'accompagner. J'estimais M. Mercey, et...

— Mon Dieu! il n'en est pas moins très estimable pour ça. Il n'est pas insensible. Il a des yeux et il en fait usage; ce n'est pas un crime... quand on est garçon, bien entendu.

— Vous trouvez?

— Certainement.

— Mais qui vous a dit?...

— Lui-même : il m'a tout conté. Tu penses bien que d'abord je ne voulais pas l'entendre, parce que la morale... Il a voulu à toute force que je fusse son confident, et il a bien fallu céder. En un mot, il n'y a pas trois jours qu'il s'est battu à cause de cela.

— Pour cette personne?

— Il vient de me le dire tout à l'heure, quand je le reconduisais. Cela doit te prouver qu'il est galant homme, toujours digne de ton estime....

— Cela me prouve, au contraire, que c'est un homme à fuir. Non content de déshonorer la femme assez faible pour l'aimer, il ne craint pas de l'afficher par un éclat, par un duel?... Oh! c'est affreux...

— Tu augmentes tout de suite la moindre chose! tu t'emportes pour un rien.

— C'est affreux! vous dis-je.

— Je t'assure que Mercey n'est pas affreux du tout. Les dames ne le trouvent pas ainsi...

— Plus vous ferez son éloge, plus il perdra à mes yeux.

— Que veux-tu? Je ne dois pas, pour satisfaire un caprice, dissimuler toutes ses belles qualités. C'est un garçon du plus grand mérite ; c'est un homme charmant, qui a beaucoup de sensibilité, trop même...

— Assez, assez, je vous prie. Jusqu'à présent je le voyais comme tous vos amis ; maintenant je sens que je ne pourrai me trouver près de lui sans éprouver un sentiment de peine, et je vous serai obligée, monsieur, de m'imposer le moins souvent possible sa présence.

Amélie sortit.

— Bon ! pensa l'avocat demeuré seul et se frottant les mains, voilà mon affaire à moitié gagnée. Ce pauvre Alfred ne se doute pas de ce que je fais pour lui. Mais ce n'est pas tout : il faut poursuivre avec persévérance, et ne pas s'arrêter en si beau chemin. Voici l'exorde. Il s'agit maintenant de passer à la preuve. Alfred ne sera pas ce soir à Paris. Fort bien ! Je vais écrire à Juliette. Il n'y a pas justement aujourd'hui répétition à l'Opéra, à ce qu'elle m'a dit hier : elle sera chez elle. Je fais en sorte que ma femme l'aperçoive. Je ne sais comment je m'y prendrai. C'est égal ! j'en trouverai le moyen ; et en mettant tout cela sur le compte de Mercey... C'est délicieux !

Et il se mit à écrire quelques lignes. Lorsque la lettre fut terminée, il sonna.

Un domestique parut.

— Germain! ce billet rue Lepelletier. Il faut qu'il soit remis à l'instant même.

— Oui, monsieur, je vais y aller aussitôt.

— Eh! c'est toi, Alfred! déjà de retour! dit l'avocat en apercevant son ami.

— Oui. Tu sais que je devais apporter de la musique à ta femme.

— Tu la lui apportes, et je te remercie.

— Elle n'en a pas voulu.

— Bah! est-ce qu'elle n'aime plus la *Straniera?*

— Je ne sais pas.

— C'est la *Straniera,* n'est-ce pas, que tu appelles cela?

— Oui.

— Ces drôles de noms... je m'embrouille toujours.

— Elle m'a reçu si froidement, que je ne puis rien comprendre à sa conduite.

— Qui? la *Straniera?*

— Non! ta femme : Que lui est-il donc arrivé?

— Rien, que je sache.

— Elle qui me semblait d'un caractère si égal, qui était toujours la même ! C'est extraordinaire.

— Cela passera.

— Si encore j'avais donné lieu... Mais je ne pense pas avoir rien fait qui ait pu motiver...

— Mon Dieu ! tu es bien bon de t'inquiéter de cela. Je te dis que demain il n'y paraîtra plus.

— Dans ce cas, je te quitte. A demain !

— A demain !

L'artiste s'éloigna, mais lentement. Il semblait soucieux, pensif, et cherchait à s'expliquer la raison d'une chose qu'il ne pouvait comprendre.

Venant presque tous les jours chez son ami, il avait vu Amélie, et l'avait vue avec des yeux indifférens. Peu à peu, il s'était habitué à la regarder comme on regarde une sœur. Près d'elle il n'était nullement ému ; loin d'elle son souvenir ne venait pas troubler ses pensées libres d'amour. Il voyait Amélie changer tout à coup de manière envers lui : de bonne et indulgente elle était devenue subitement froide et sévère, cela lui causait une indicible surprise. A quoi attribuer un pareil changement? il en cherchait en vain les causes. Convaincu qu'il n'était pas coupable, il fouilla dans sa conduite passée, et portant ses regards en arrière, il pensa à ce qu'il avait fait jusqu'alors.

Il arrive souvent dans un bal que, placé près d'une femme, on demeure long-temps à ses côtés sans fixer son attention sur elle; puis elle fait un mouvement brusque; on se retourne, on regarde de nouveau, plus attentivement cette fois, et on aperçoit mille beautés, dont au premier abord on n'avait même pas soupçonné l'existence. L'artiste éprouva ce phénomène moral. Il fixa sa pensée sur Amélie, et ce fut un éclair qui vint illuminer toute une scène demeurée jusqu'à ce moment dans les ténèbres. Il s'étonna de n'avoir pas plus tôt rendu justice à tant de brillantes qualités qui se dévoilaient à ses yeux. Assailli à la fois par mille sentimens divers, songeant à la disgrâce où il était tombé, il sentit plus vivement la perte qu'il venait de faire, et résolut de tout tenter pour recouvrer la bienveillance de celle dont il ne pouvait plus désormais détacher sa pensée.

— Ma chère amie! dit l'avocat en entrant dans l'appartement de sa femme, ne trouves-tu pas que le temps soit magnifique aujourd'hui?

— Sans doute.

— On jurerait une journée de printemps.

— Cela est vrai. Mais pourquoi me dites-vous cela?

— Oh! pour rien.

— On croirait cependant que vous avez quelque intention.

— Aucune.

— J'aurais cru que vous aviez une idée?...

— Une idée! par exemple! je n'en ai jamais, et je ne sais pas comment tu peux me soupçonner... Seulement je pensais que tu profiterais d'une si belle journée pour aller faire un tour de promenade.

— Non, je ne suis pas disposée.

— C'est cependant le moment; et moi, si j'étais libre... Mais il faut que je plaide; et tu vois, j'ai déjà mis le costume de rigueur pour aller au Palais.

— C'est fâcheux.

— Oui, certainement; et je voudrais bien être à ta place... car si j'étais à ta place... Tu ne sortiras donc pas?

Amélie regarda fixement son mari.

— C'est singulier, dit-elle, et vous y mettez un acharnement!! Vous avez donc besoin que je sorte?

— Moi!!! nullement, je t'assure, dit l'avocat avec un embarras affecté.

— Ne le cachez pas plus long-temps; maintenant j'en suis sûre...

— Peux-tu croire?...

— Je crois que vous voulez m'éloigner d'ici : votre trouble ne m'en laisse plus aucun doute.

— Hé bien! puisque tu l'as deviné, il faut bien que je te l'avoue. Oui! je désirerais demeurer seul ici pendant quelques heures.

— Et puis-je savoir pour quel motif?

— Si c'était mon secret, je te le dirais de suite; mais c'est celui d'un autre, et je ne puis le trahir.

— Vous êtes entièrement libre, monsieur, et je ne prétends pas...

— Allons! ne vas-tu pas te fâcher?

— Non, sans doute, j'aurais tort...

— Tu penses bien que si ce secret m'appartenait... mais il ne m'appartient pas...

— Aussi suis-je loin de désirer le connaître.

— Et c'est parce que le devoir me fait une loi de me taire...

— Vous avez parfaitement raison d'obéir à ce devoir...

— Cela te contrarie, et tu as tort.

— Je ne suis pas contrariée, je vous assure.

— Tu cherches en vain à le cacher... je le vois?

— Vous voyez fort mal.

— Je vois fort bien, au contraire... tu voudrais savoir?...

— Je ne veux rien savoir du tout.

— Hé bien! apprends donc, ma chère amie... car tu es ma femme, un second moi-même ; te dire cela, c'est comme si je n'en parlais à personne... et puisque tu brûles de l'apprendre...

— Je vous ai déjà dit, monsieur, que je ne voulais rien entendre...

— D'abord je serais désolé qu'une semblable chose mît le désordre entre nous... Apprends donc qu'Alfred...

— Je vous préviens que je ne veux pas écouter.

— Alfred, que tu crois à la campagne...

— Est-ce qu'il n'y est pas?

— Non : c'était une ruse. Il est à Paris! bien mieux! il est ici, chez moi!

— Comment!

— Oui, dans ce monde, et entre amis surtout, on est obligé de se rendre service. Il m'en a prié à genoux; je ne pouvais pas le refuser.

— Mais, quoi donc?...

— Cette dame, dont je t'ai parlé ce matin... Mais si tu ne tiens pas à le savoir?

— Puisque vous avez commencé...

— C'est que dans le cas où tu n'aurais pas désiré?... Moi, ce que j'en fais, c'est pour toi... Si je parle, c'est parce que je crois te faire plaisir...

— Eh bien! cette dame?...

— Cette dame va quitter Paris; son mari

l'emmène, et elle a voulu, avant de partir, faire ses adieux à Alfred...

— Jusqu'à présent, je ne vois pas...

— Si fait!... Elle ne pouvait aller chez lui sans risquer d'être vue et de se compromettre... Chez un avocat, c'est différent; elle peut venir le consulter...

— Et c'est ici? Ah!...

— Il l'a bien fallu! Que veux-tu? Voilà pourquoi je voulais t'éloigner. Si ce pauvre Mercey savait que tu es instruite, il en serait désolé! il en serait au désespoir!

— Et vous pouvez souffrir?...

— Il le faut bien... L'amitié a ses droits...

En ce moment un cabriolet s'arrêta devant la porte, et une dame en descendit.

— Tu vois, dit l'avocat, que je ne t'ai pas trompée?... Voici la personne dont je te parlais; mais il faut que j'aille la recevoir... Surtout, chère amie, la plus grande discrétion! le plus profond silence! je te le recommande.

L'avocat, riant en lui-même du succès merveilleux de sa ruse, alla au-devant de la visite qui lui arrivait, la reçut dans son cabinet, et gravement assis sur un canapé, tenant son menton appuyé entre l'index et le pouce, il écouta la danseuse, qui, les mains jointes à demi, les pieds croisés sur un moelleux coussin, lui racontait que bientôt elle allait plaider avec le directeur de l'Opéra pour des feux qu'on lui refusait.

Amélie était restée toujours à la même place, absorbée tout entière par les pensées qui se heurtaient en foule dans sa tête. Tout ce qu'elle venait d'apprendre d'Alfred avait changé ce qu'elle éprouvait pour lui en une violente aversion, et se laissant aller à ce sentiment, nouveau pour elle, elle haïssait sans crainte, ne se doutant pas que la haine est souvent bien près de l'amour.

Le bruit d'une personne qui marchait dans le salon la tira de ses réflexions, et à quelques pas devant elle, elle aperçut Alfred.

A cette vue, son visage se colora d'une légère rougeur, car elle vit ainsi que son mari ne l'avait pas trompée. Il n'était pas à la campagne!

— Me permettrez-vous, madame?... dit Alfred.

— Il me semble, monsieur, dit vivement Amélie en l'interrompant, que des occupations graves vous appellent, et vous feriez bien de ne pas perdre ici plus long-temps ces momens précieux.

— J'ignore, madame, qui peut me mériter un semblable reproche. Votre conduite envers moi est trop extraordinaire pour que je n'en sache pas la cause, et je la connaîtrai. Pour cela, je ne suis pas allé à la campagne, ainsi que je le devais.

— Pour cette seule raison ? dit Amélie avec un sourire ironique.

— Oui, madame, je l'avoue! Près de partir, j'ai senti que je n'en avais pas la force. Je suis revenu. Cela me méritera peut-être votre haine, et je ne puis cependant vous le cacher. Jusqu'à ce jour, je vous voyais sans le désirer; je vous quittais sans regrets, peut-être parce que j'étais certain de vous revoir bientôt. Aujourd'hui votre froideur m'a fait comprendre qu'il pouvait arriver un moment où je ne vous verrais plus, et alors j'ai lu dans mon cœur. Depuis ce retour sur moi-même, j'ai souffert plus que je ne puis vous le dire, et je viens vous demander de quel crime je me suis rendu coupable, ce que j'ai fait qui ait pu vous déplaire?

— Monsieur, quelque étrange que soit ce discours, je veux bien y répondre : vous vous plaignez de ma froideur; vous ai-je donné le droit de vous en plaindre?

— Madame!...

— Et, s'il était vrai que je ne fusse plus telle que vous m'avez vue, serais-je obligée de vous expliquer les causes de ce changement?

— Oui, sans doute, car alors je serais coupable; et m'indiquer ma faute serait me donner les moyens de la réparer.

— Mais, qui vous accuse? Qui dit que vous soyiez coupable?

— Qui le dit? Vous-même, en cherchant à le nier.

— Vous avouez donc n'être pas irréprochable?

— Avant d'avouer, il faut que je sache quelle faute j'ai commise. De grâce, qu'ai-je fait?

— Puisque vous voulez absolument le savoir, pensez, monsieur, à votre conduite, et voyez si une femme qui tient à sa propre estime, au respect de tous.....

— Je ne puis vous comprendre.

— S'il faut vous en dire davantage, rappelez-vous le duel?

— Quoi! vous savez?.....

— Oui, je sais tout.

— Et pouvais-je m'en dispenser? On attaquait en ma présence votre mari, mon ami : n'était-il pas de mon devoir de le défendre?

— Le défendre! De qui parlez-vous?

— Ne me disiez-vous pas que vous saviez tout? Mais, en effet, qui aurait pu vous dire?... Ce ne saurait être lui; car je lui en ai fait un mystère. Ce matin encore, quand il me le demandait, j'ai refusé de le lui dire.

— Ce n'est donc pas pour une femme?

— Pour une femme! Expliquez-vous!

— On m'avait dit que ce duel avoit pour cause.....

— Quelle atroce calomnie!

— Dites-vous vrai?

— Pourquoi chercherais-je à cacher la vérité ? Je me suis battu pour votre mari, pour lui seul. Est-ce un si grand crime de défendre son ami aux dépens de ses jours ?

— Oh ! pensa Amélie ; et c'est lui qui l'accuse !... Mais comment se fait-il... Cette femme, qui descendait de voiture... Ce voyage d'aujourd'hui, ce voyage, que vous avez prétexté....

— Prétexté ! Ce voyage est vrai ; et s'il faut vous en faire l'aveu, j'allais voir ma mère, ma mère pauvre, qui habite un village, et qui, pour m'élever, a sacrifié ses dernières espérances. Artiste et pauvre moi-même, j'allais lui porter quelques épargnes, et c'est pour vous, madame, c'est pour vous que j'ai renoncé aujourd'hui à la voir.

— Ah !

— Jugez si je vous aime !

— Que dites-vous ? Cette femme que j'ai vue ici, ce n'était pas pour vous ?

— Je le jure !

— Et mon mari, pour cacher sa faute !... car, quelle autre raison l'aurait fait agir ainsi ? Oh ! ce serait trop affreux !!!

— Je vous ai dit la vérité.

—Coupable! coupable à ce point! Je ne puis le croire, car si cela était...

—Vous me permettriez de vous voir encore?

—Si je pouvais être sûre!!!

—Vous me pardonneriez mon amour?...

—Oh! malheur à qui m'a trompée!!! Mais comment avoir la preuve?...

Du bruit se fit entendre.

—Écoutez! dit Amélie.

Elle reconnut la voix de son mari, qui fredonnait un air d'opéra comique. Aussitôt une idée lui vint : elle fit signe à Alfred de garder le silence, et le poussant vivement, elle le fit entrer dans un cabinet attenant à sa chambre, pour mieux s'assurer, par ce moyen, de la vérité.

L'avocat entra.

—Eh bien, ma chère amie! tu n'es pas sortie?

—Mais non, dit Amélie en souriant gracieusement.

—Vraiment! J'en suis bien fâché. Le temps était superbe.

—Est-ce que cette dame est toujours là?

—Toujours.

—Et votre ami?

—Avec elle. Tu penses bien qu'un tiers est gênant en pareille circonstance.

—Oui. Je m'en aperçois.

—Et je les ai laissés.

—Et votre ami est là?

—Certainement!

—Vous en êtes bien sûr?

—Parbleu! Est-ce que tu en doutes?

—Nullement! Je serais seulement curieuse de les voir.

—Quelle idée!...

—C'est la mienne.

—C'est un caprice...

—Que je veux satisfaire.

—Mais les convenances?...

—Dans le fait, monsieur, vous avez raison d'en parler.

—Cela ne peut jamais nuire.

—Surtout si vous mettiez vos règles en pratique.

Elle fit un pas pour sortir.

—Ton projet est fou! dit l'avocat en riant, et je ne souffrirai pas...

Amélie fit un nouveau pas en avant.

—Ma chère amie! dit gravement l'avocat en se plaçant devant elle, songe bien à ce que tu vas faire!

—J'y songe parfaitement, je vous assure, et je verrai cette femme.

—Par exemple! Tu ne la verras pas...

—Je la verrai!

—Ce serait trahir l'hospitalité : je ne puis le permettre.

—Cela sera cependant!

—Cela ne sera pas!

—Qui m'en empêchera? dit Amélie en s'avançant encore.

—Moi! répondit l'avocat; et puisqu'il ne me reste que ce moyen...

Il sortit, et ferma brusquement la porte.

—Monsieur! monsieur! dit Amélie avec force, en frappant la porte de ses mains, vous m'enfermez!

—Je le sais parbleu bien! Pas moyen de sortir de là. Aussi, ma chère amie, pourquoi me réduis-tu à ces extrémités? Mais n'aies pas peur. Ton intention était, d'ailleurs, de ne pas sortir. Aussitôt que je serai de retour de l'audience, je viendrai te délivrer.

— Ouvrez! ouvrez, de grâce!!! Vous ignorez...

— Vous ignorez! C'est excellent!! Non, ma chère! Non, je n'ignore rien. Je sais tout ce que tu pourrais me dire à ce sujet; ainsi c'est inutile. Je rends un service à mon ami. Je n'ai pas envie d'y mettre de la mauvaise grâce, et je prétends que personne ne vienne le déranger. Je ne t'ouvrirai donc pas! Au revoir.

Sans avoir égard aux prières et aux cris de sa femme, l'avocat prit la clef de la chambre qu'il venait de fermer, et la mit dans sa poche.

— Bien! voilà ma péroraison! pensa-t-il. Délicieux! Maintenant je n'ai plus rien à craindre de la part d'Alfred, et je lui permets de venir désormais tant qu'il voudra. Ce que je viens de faire est un véritable coup de maître. Il est vrai que quand on n'a jamais perdu la cause de ses cliens, ce n'est pas étonnant!... Et il y a pourtant des gens qui prétendent que nous ne sommes que des discoureurs en état d'embrouiller l'affaire la plus claire, de perdre le meilleur procès... Pauvres gens!... S'ils savaient ce que je viens de faire!... Cela a doublé mes moyens. Quand on n'a pas d'inquiétude, on a bien plus d'éloquence, et je suis sûr que je vais plaider aujourd'hui comme un ange. Allons! on a raison de dire : Grâce à son talent et à son adresse, à quoi, dans notre siècle, un avocat ne peut-il pas parvenir ?

GUSTAVE ALBITTE.

UN BAL DE NOCES.

> Si la chose n'était pas arrivée; si elle n'avait pas eu pour témoins des hommes que nous honorons tous, quel poëte oserait la raconter, pour s'entendre appeler absurde ou visionnaire?
>
> PLINE.

— Eh bien, Mathilde, vous voilà toute rêveuse! Souffrez-vous? non. Qu'est-ce donc? songez que vous êtes la reine du bal, ma chère amie, et que ce serait pitié d'entrer avec cette figure élégiaque. Ils croiraient peut-être que je ne vous rends pas heureuse..., que vous ne m'aimez point..., que sais-je? Allons, reprenez les airs victorieux d'une mariée de vingt jours et de vingt ans. Que vos regards s'allument et brillent comme vos diamans, et soyez, s'il est possible, aussi gaie que vous êtes jolie.

Ces derniers mots firent éclore un premier sourire sur les lèvres pâlies de Mathilde, qui remercia son élégant mari d'un regard attendri d'orgueil; et ses petits pieds de satin blanc coururent plus légers sur le tapis de l'escalier chargé d'arbustes et de fleurs et tout resplendissant de lumières. Une glace, posée là tout exprès, lui répéta le compliment d'une manière plus charmante encore; et lorsqu'elle eut passé un temps moral à rajuster sa toilette qui n'était pas dérangée, Mathilde entra tout-à-fait consolée dans l'antichambre, avec la majestueuse sérénité d'une personne qui n'a que sa coiffure en tête. Tous les domestiques s'empressèrent autour des deux jeunes époux.

— Comment, John, est-ce que vous êtes au service de madame la marquise?

— Oui, madame, j'ai quitté M. Arthur il y a trois semaines, lorsque... lorsqu'il est parti sans dire...

— Oui, oui, je sais. Mais il y a des rencontres bien...

En ce moment le mari de Mathilde se retourna vers elle, après avoir déposé à son *groom* les fourrures et les manteaux, et il la retrouva plus rêveuse et plus pâle qu'en descendant de voiture. Un valet de chambre, en les annonçant à la porte du premier salon, prévint toute explication.

Une contre-danse venait de finir, et tous les yeux se fixèrent sur la belle mariée. Un murmure admirateur lui rendit encore une fois son sourire et ses couleurs. Le maître de la maison lui fit traverser deux salons et la conduisit à une place réservée auprès du siége de la marquise, à quelques pas du grand orchestre.

La marquise la gronda tendrement d'être venue trop tard.

—Trop tard! trop tard! cria une voix ricanante dans l'oreille de Mathilde, qui tourna brusquement la tête et ne vit personne.

—Voilà qui est étrange! dit-elle, et un frisson glacé courut dans ses cheveux. Cependant vingt danseurs se précipitaient pour l'engager. La ritournelle se fit entendre; les violons ressuscitèrent Mathilde qui suivit son cavalier, encore toute tremblante; puis les mélodies dansantes de Mayer-Beer et de Rossini, puis le lustre aux cent bougies, le prisme des mille cristaux; puis l'adoration respectueuse de son danseur, puis le suffrage envieux de toutes les femmes; puis se dire : Mon collier de diamans est le plus beau de la fête, et je suis bien plus belle que mon collier, et demain tout Paris le dira; puis le carré magique de la contre-danse, puis cette foule d'hommes qui assiégent toutes les portes, et qu'une écharpe de gaze contient; puis l'atmosphère chargée de parfums et de vives paroles, puis le bal enfin... Quels soucis, quels sombres pressentimens, quels remords tiendraient long-temps contre cette féerie! Laissons la jeune femme s'enivrer d'harmonie, de danse et d'adulations. Qu'est-ce que la joie ? Un oubli. Ne rappelons rien à qui oublie, et respectons le plaisir :

Ainsi que la douleur le plaisir est sacré.

Mais, pourquoi donc l'avons-nous vue pâle et rêveuse, la belle mariée ? Pourquoi ces troubles et ces frémissemens qui viennent, comme par intervalles marqués, la saisir au milieu de la fête qui lui est dédiée?... Quel fil noir aurait osé se mêler à la trame brillante de ses jours?

N'est-elle pas l'unique enfant de l'excellent et honoré vicomte de B***, qui, aussi fier de sa fille que de ses pères, a sacrifié pendant douze ans, pour son éducation de princesse, plus des trois quarts de la fortune restreinte que lui ont laissée les révolutions, et qui tout à l'heure (sacrifice bien autrement sensible!) vient d'immoler un préjugé, celui de la naissance et du nom, à la certitude d'un magnifique avenir pour sa Mathilde?... Mathilde, en effet, n'est-elle pas la femme de Charles N***, un des plus riches partis de la finance de nos jours, qui lui a, au commencement de ce mois, apporté en mariage cent vingt mille livres de rente, et de superbes espérances, comme dit le monde? c'est-à-dire l'espérance que sa mère ne survivra pas très long-temps à la douleur d'avoir perdu son mari, une des premières victimes du choléra; l'espérance qu'une jeune sœur se fera religieuse, par suite d'un chagrin secret qui a déjà ruiné sa santé; l'espérance que son frère, le chef d'escadron, sera tué dans la guerre de Hollande; l'espérance que deux tantes dont il doit hériter seul, et qui ont été pour lui deux autres mères, ne verront pas les feuilles d'avril, accablées qu'elles sont d'années et d'infirmités; et encore quelques autres espérances presque aussi flatteuses.

Mathilde, enfin, après un pareil mariage n'a-t-elle pas en perspective la destinée d'une reine, moins la chance d'une révolution?

Mais, serait-il vrai que Mathilde et son cousin Arthur, le poëte, se fussent aimés d'amour, à l'insu et sans doute contre les idées de la famille? Serait-il vrai qu'un soir, il y a peut-être quatre mois, chez la sorcière de la rue Guénégaud, ils se fussent juré, sur un évangile cabalistique, juré dans un idiome infernal, juré par les solives du temple de Salomon, juré l'un à l'autre que jamais ni homme ni femme ne leur toucheraient la main, et que leurs destins seraient, un jour, unis comme leurs cœurs, dussent-ils attendre cet hymen jusqu'à la veille de leur mort?

— Oh! si cela est vrai, par quel funeste

éblouissement Mathilde a-t-elle consenti à l'échange de son nom contre la fortune de Charles N***, quand elle pouvait, plus tard, ne fût-ce qu'une seule nuit, échanger, dans son modeste ménage, la beauté contre le génie, l'amour contre l'amour?

Comment n'a-t-elle pas vu que tout serait vanité dans un mariage de deux vanités qui se marchandent et s'achètent mutuellement? Comment (par orgueil même, puisqu'elle en a tant), comment n'a-t-elle pas préféré la couronne du poëte à la caisse du banquier? Comment du moins n'a-t-elle pas redouté quelques punitions surnaturelles, en trahissant un homme divin, après un serment de l'enfer?

Non; perles, rubis, topazes et diamans lui ont fasciné les yeux; elle a essayé un collier, et la voilà enchaînée: pendant un instant elle n'a vu qu'une corbeille; il ne faut qu'un instant pour prononcer le *oui* de la vie entière... et sa bouche l'a prononcé, sans qu'il fût sorti de son cœur, sans que son oreille l'entendît!...

Est-il vrai qu'à la première nouvelle de ce

mariage qui fut proposé et conclu en quelques jours, Arthur tomba comme frappé de la foudre, et qu'il ne se releva que pour s'enfuir dans une solitude à dix lieues de Paris, abandonnant travaux, gloire, parens, amis, et jusqu'au fidèle John, le seul être au monde qui connût le nom qu'il criait dans ses rêves?

Est-il vrai que, depuis ces trois fatales semaines, personne n'avait entendu parler de lui, si ce n'est que des chasseurs racontaient avoir aperçu dans les bois de Morfontaine une espèce d'insensé qui laissait croître sa barbe, qui faisait peur aux sangliers et qui pleurait toujours?

Est-il vrai que le matin du bal, où elle règne à présent, Mathilde avait reçu mystérieusement un paquet, aux armes d'Arthur, où se trouvait une musique et des paroles écrites avec du sang, et plus funèbres que les chants de l'agonie?... Oh! si tout cela est vrai, ne nous étonnons de rien; certes, elle a dû pâlir plus d'une fois sous sa parure de fête.

Partie une heure après la cérémonie nuptiale pour une terre éloignée, elle n'était revenue que pour ce bal, quelle aurait voulu reculer de dix ans. Là-bas, dans son château du Nivernais, entouré de mornes étangs et de grands bois sauvages, sans autre société que celle de son mari, qui était toujours à la chasse, elle s'abusait peut-être sur son malheur, par la tristesse même de ce séjour; peut-être pensait-elle que ses journées solitaires et monotones ressemblaient à celles d'Arthur, et elle trouvait du charme, une funeste et innocente volupté dans cette ressemblance: c'était comme un intime et dernier rapport qu'ils avaient ensemble, tout séparés qu'ils seraient pendant toute leur vie de ce monde. Mais Paris, son bruit, son luxe, ses plaisirs, elle n'avait retrouvé dans tout cela qu'un contraste pénible avec l'état de son âme, et la position peu brillante d'Arthur, sans parler de son désespoir.

Et cependant, regardez : le bal s'est emparé d'elle; lancée au milieu de la contredanse comme un jeune soldat dans la bataille, la nymphe tressaille de courage et d'enthousiasme; son corps gracieux se balance amoureusement; ses pieds ne touchent pas la terre, son front irait frapper les astres; elle est heureuse parce qu'elle est belle... Tout à coup elle devient sérieuse, sa tête se penche tristement, son sein bat avec violence... C'est que l'orchestre (comment cela se peut-il faire?) joue les premières mesures de l'air mystérieux qu'elle a reçu d'Arthur le matin, et qu'elle seule connaît! Elle écoute : c'est bien cet air si douloureux; seulement les musiciens en ont changé le ton et la mesure; elle ne peut s'empêcher de mettre, par la pensée, les paroles funèbres sous les notes; et quand revient son tour de figurer, le cœur lui manque, elle n'a que la force de se traîner à sa place, en prétextant un léger accident, mais en redisant dans son ame : — Comment cela se peut-il ? il y a quelque chose de fatal et d'incompréhensible dans tout ce qui m'arrive ce soir. Ah! malheur à moi!

La marquise avait envoyé chercher M. Charles N*** à toutes les tables de jeu (quand il ne chasse pas, il joue). Il arrive enfin, prend le bras de sa femme et la conduit dans une salle plus aérée. Quelques dames, fort spirituelles d'ailleurs, y riaient à faire pitié, de quatre vers, qu'elles croyaient ridicules, d'un de nos premiers poëtes vivans. Pauvres sottes!... Mathilde prit la défense de ces vers, comme eût fait Arthur lui-même, et elle se sentait fière de parler comme il eût parlé ; et cette discussion la ranima un peu. De la poésie, ces dames passèrent aux poëtes ; elles soutinrent que les poëtes ne sentaient rien que l'art ; ne connaissaient d'autre amour que l'amour-propre ; oubliaient tout excepté la rime, et n'avaient de chagrins que dans leurs recueils. Mathilde cette fois ne les contredisait plus ; elle saisissait avec ardeur tous les exemples que citaient ces dames, de poëtes inconsolables qui étaient les plus gais du monde ; ses remords s'en allaient, elle renaissait... Les domestiques apportèrent des rafraîchissemens et des sucreries ; elle prit quelques grands bonbons pour s'amuser de la poésie des devises. Voici les premiers vers qu'elle y trouva :

Sans doute ils vous diront : « Vous êtes bien crédule ;
N'allez-vous pas souffrir, plus que lui, de ses maux ?
Poëte, sa douleur s'évapore en vains mots.
En soupirs cadencés que sa lyre module.

15

Vous fuyez ; il languit, il se meurt... un instant ;
Puis, de son art chéri reprenant la magie,
Voit dans votre inconstance un sujet d'élégie,
Et de son désespoir se console en chantant. »

—Infamie et mensonge ! Ah, Mathilde, l'archange
A sonné dans le ciel ta noce et mon convoi.
Le poëte trahi meurt... et mort, il se venge.
Et tu danses !...

Elle ne put achever; un nuage couvrit ses yeux.

— C'en est trop, pensait-elle ; le doigt de Dieu est là ; que va-t-il m'arriver ?... Et elle froissait et déchirait la fatidique devise, quand l'orchestre commença la ritournelle du *galop*. Le fils de   naison vint rappeler à Mathilde l'engagement qu'elle avait accepté pour cette danse. Elle s'y rendit, le regard fixe, mais d'un pas assuré, comme une reine qui marche au supplice.

Voici le galop qui bondit; les couples se croisent et se heurtent en riant, les bouquets roulent sous les pieds, des éclairs humides jaillissent de tous les yeux, les bougies sont comme asphyxiées de chaleur, les femmes, lascives de fatigue, s'abandonnent aux bras des danseurs, qui se les jettent l'un à l'autre, et les reprennent, et se les jettent encore, comme font les diables de l'Opéra avec le mannequin de Psyché. Mathilde, pâle et grave dans tous ces ballottemens, avait l'air d'un fantôme qui s'étourdit. Minuit sonna. En ce moment, elle fut saisie par un danseur qui la serra d'une manière étrange, comme pour ne plus la rendre. Mathilde leva les yeux sur lui...

— Arthur! cria-t-elle, et son cri se perdit dans le bruit et dans les rires du salon : Arthur! dit-elle en baissant la voix, tout cela, c'était donc?... Oh! vous avez failli me tuer... et je le méritais... Mais vous pardonnez enfin... Mais comment êtes-vous ici?

Et le galop redoublait de vitesse.

— N'est-ce pas ton bal de noce, Mathilde! c'est donc aussi ma noce à moi?

— Oh! ne raillez point si cruellement, ou je meurs. Rendez-moi à mon danseur.

— Jamais! N'est-tu pas heureuse dans mes bras?

— Oui, heureuse, bien heureuse de vous voir, moi qui serais morte de votre mort! Mais lâchez-moi donc.

— Jamais! Plus fort, plus fort, musiciens!
Et le galop redoublait de vitesse.

La longue file des couples joyeux s'envola dans les salons voisins; Arthur et Mathilde y passèrent les derniers, et ils furent les premiers à reparaître à l'autre porte. C'était une légèreté, une rapidité sans exemple; à peine voyait-on leurs ombres dans les glaces. La sueur ruisselait sur le visage d'Arthur, et cependant ses bras et ses mains semblaient geler Mathilde à travers ses gants. Tous les danseurs s'arrêtèrent pour les admirer. Les applaudissemens et les rires les suivaient autour du salon. Puis on s'aperçut que les pieds de Mathilde ne posaient pas sur le parquet, et que sa tête roulait sur ses épaules.

— Assez! assez! cria-t-on de toutes parts.

Mais l'implacable danseur n'écoutait rien, et le galop redoublait de vitesse. La marquise voulut qu'on les arrêtât; ils s'échappèrent par la salle de jeu, tournant et bondissant au milieu des tables, et renversant les joueurs effarés. Charles reconnut sa femme, et fit lever tout le monde.

— Il est fou, cet Arthur, dit un jeune homme.

— Arrêtez! arrêtez! criait Charles.

Mais le couple insatiable, toujours tournant et bondissant, traversa boudoirs et corridors avec l'agilité de deux oiseaux. Ils gagnèrent ainsi l'antichambre et se précipitèrent dans l'escalier, bondissant et tournant toujours. On les y suivit; on ne savait plus que penser. Au même instant, une dame les aperçut dans le jardin par une fenêtre du salon... C'était encore ce terrible galop, ce galop effréné.

—Au secours! au secours! on enlève Mathilde! Tout le bal descendit et courut sur les gazons humides. On voyait de loin Arthur et Mathilde tourner et bondir à travers les charmilles; et comme on croyait les tenir, ils disparurent au détour d'une allée.

Le coq chanta...

Une heure après, on apprit qu'Arthur était mort la veille.

ÉMILE DESCHAMPS.

UNE REPRÉSENTATION,

CHRONIQUE THÉATRALE.

Il y avait foule au théâtre de la *Porte-Saint-Martin*; le parterre et l'orchestre étaient noirs de monde, les galeries en bois craquaient sous les nombreux spectateurs. On voyait de riches toilettes aux premières loges, et la belle société de Paris semblait s'y être donné rendez-vous. Mazurier devait partir le lendemain même pour Londres; c'était la dernière fois de l'année qu'il jouait dans *Polichinel Vampire*. Aussi, depuis le matin, d'intrépides curieux encombraient-ils les abords du théâtre, malgré la pluie battante qui leur fouettait le visage, car tout Paris voulait voir encore cette merveilleuse marionnette vivante qui grimpait comme un singe, se tortillait comme un serpent, se cassait des noix sur le front, et pouvait d'un moment à l'autre se casser la tête comme une noix.

La toile n'était pas levée, et chacun tuait le temps à sa manière : les habitués du parterre criaient, sifflaient, battaient la mesure à coups de pieds, et s'appelaient par leurs noms d'un bout à l'autre de la salle ; ceux du *poulailler* contrefaisaient le chant du coq, ou miaulaient ; et les gens paisibles des loges profitaient de tout ce vacarme pour lorgner les jolies femmes, qui répondaient à coups de lorgnettes.

Une seule loge n'était pas encore pleine : il ne s'y trouvait qu'un jeune homme d'une trentaine d'années, dont la figure douce et mélancolique semblait rester indifférente à tout ce qui se passait devant lui. Sa mise était simple et de bon goût ; son col noir faisait mieux ressortir sa pâleur, qui n'avait rien de maladif, et qui donnait un caractère particulier à sa physionomie. Les dames considéraient ce jeune homme avec intérêt, car sans doute il était malheureux, et son cœur devait souffrir. Il s'aperçut qu'il excitait l'attention, et recula sa chaise dans le fond de la loge; puis, ayant promené sa lorgnette à droite, à gauche, avec une sorte d'inquiétude, il retomba dans ses réflexions. Le vaudeville était presque achevé, et ni les couplets de *M. Carmouche*, ni la voix fausse des actrices, ni les rires bruyans des *claqueurs*, ne tiraient le pâle inconnu de sa rêverie, quand deux coups frappés à la vitre l'éveillèrent comme en sursaut; il entendit le frôlement d'une robe, et s'empressa d'ouvrir.

— Eh! bonjour, mon cher Alfred! dit alors une voix jeune et douce, comme vous paraissez préoccupé! est-ce du vaudeville? oh! je ne crois pas, car, avant de frapper, j'ai regardé par le carreau de la loge, et vous tourniez le dos aux acteurs.

— C'est vrai, ma charmante, répondit Alfred en serrant la main dégantée d'une jolie dame blonde qui lui souriait, cette pièce est assommante, et vous avez bien fait d'arriver juste au couplet final...

— Comment nommez-vous cette pièce?

— Ah!... je vous avoue, ma belle Anna, que je m'occupais fort peu de ce vaudeville, et que je n'en sais pas même le nom; je ne pensais qu'à vous seule. Mais voyez comme je suis distrait, je ne vous demande pas comment vous êtes venue... votre mère serait-elle souffrante, qu'elle ne vous a point accompagnée ?

— Oui, mon ami, depuis tantôt, sa migraine n'a fait qu'augmenter ; elle est fort mal à son aise ; et d'après l'avis de mon cher cousin le docteur, que vous n'aimez guère (soit dit en passant), cette bonne mère vient de se mettre au lit. Comme je ne voulais pas manquer le spectacle, et vous laisser toute la soirée en tête-à-tête avec deux mille personnes, j'ai prié l'Hippocrate de me conduire jusqu'à ma loge, avant d'aller faire sa tournée dans les coulisses. Mais tenez, le voyez-vous sur la scène ? prenez donc votre lorgnette : à gauche, derrière cet arbre qui avance... c'est nous qu'il regarde.

— Oui, je le vois, dit Alfred un peu décontenancé ; qu'a-t-il à nous examiner de la sorte ?

On baissa la toile.

— Mon ami, vous avez tort, vous êtes injuste envers ce pauvre Hébert; c'est votre bête noire... que vous a-t-il fait? êtes-vous donc fâché de ce qu'il m'ait donné le bras jusqu'ici?

— Oh! non, ma chère Anna! reprit Alfred; mais je lui envie ce bonheur : à vrai dire, j'aurais préféré vous servir de cavalier ; car cet homme qui vous suit partout...

— Bon! n'êtes-vous pas jaloux maintenant, interrompit la jeune dame avec un malicieux sourire; vous auriez mieux aimé peut-être que je vinsse toute seule? Au surplus, j'aurais certainement pris ce parti plutôt que de vous manquer de parole. Je ne suis plus une jeune fille qui n'ose faire un pas dehors sans lisières ; une veuve de vingt-cinq ans n'a pas toujours besoin d'un bras d'homme pour sortir de sa chambre, et je serais venue vous retrouver seule à l'*Opéra* sans le moindre scrupule, mais à la *Porte-Saint-Martin*...

Un affreux vacarme qui s'élevait du parterre coupa la parole à madame Hervieux : au milieu d'une poussière épaisse, où sonnaient de gros jurons, accompagnés de soufflets, cinq ou six furieux se battaient pour avoir de la place : ils voulaient absolument voir Mazurier.

— Oh! les vilaines gens! dit madame Hervieux; mais voyez donc, Alfred, ils vont se tuer! Quelle abominable société!

— Il est vrai qu'ils sont bien malhonnêtes, ma belle Anna! ils courent au spectacle comme des loups à la pâture, s'embarrassant fort peu des jolis yeux qui les regardent. Je suis moins amateur de théâtre, quant à moi, et sans l'inestimable bonheur d'être auprès de vous, chère Anna! toutes ces farces de boulevards me paraîtraient fort insipides, et je ne viendrais pas avaler la poussière que font ces messieurs.

— Il faudra pourtant vous y faire, mon ami, car moi je suis folle de spectacle; et vous serez, j'espère, assez bon mari pour me conduire à tous les mélodrames! J'ai bien mauvais goût, n'est-ce pas? mais j'aime le mélodrame!

— Eh bien! je finirai par l'aimer aussi, Anna; vous ordonnerez, et tous vos désirs, vos moindres caprices, car toutes les jolies femmes en ont, je m'empresserai de les satisfaire! Oui! vous me feriez aimer ce que je hais...

—Mon cousin, par exemple? dit la belle interlocutrice en prenant la main d'Alfred qui trembla de tous ses membres.

—Oh! ne me parlez pas de cet homme, continua-t-il d'une voix sourde, car je me repentirais d'une bonne action! C'est là mon plus mortel ennemi; et d'ailleurs il vous aime, il veut m'arracher de votre cœur, et pour y parvenir, il n'est pas d'infamies qu'il n'emploie, de méchancetés qu'il ne fabrique à mes dépens, quand je lui tourne le dos; mais vous ne croyez point tout ce qu'il vous dit, n'est-ce pas? sa tactique est trop grossière, il est jaloux! le misérable! il est fatigué de ses passions de coulisses, et c'est à vous qu'il prétend!

—Calmez-vous, calmez-vous, Alfred, on nous regarde! Mais, soyez donc raisonnable, ne pleurez pas comme un enfant!

La jolie veuve attira doucement Alfred dans le fond de la loge, et sa main blanche se posa sur l'épaule du jeune homme qui fit un cri.

—Pardonne, ô ma chère Anna! pardonne; je suis bien coupable, mais, vois-tu, je t'aime! ma tête s'égare... on veut nous séparer, t'enlever de mes bras, toi, mon bien! toi, mon ange! toi, ma vie! car, si tu savais, je n'ai jamais aimé qu'une femme au monde, et c'est toi!

Les sanglots d'Alfred devinrent si violens, et ses gestes si convulsifs, que madame Hervieux s'empressa de lever la grille de la loge ; mais, par bonheur, le bruit qui régnait dans la salle étouffa les gémissemens, et l'on ne s'aperçut de rien.

La jeune femme serrait la main froide d'Alfred : — mon ami, vous savez que je ne suis pas ingrate et que je vous aime comme vous m'aimez ! Laissons là Hébert, et ses mensonges qui ne peuvent rien sur moi...

— Oh ! Hébert ! Hébert! je m'en veux de l'avoir laissé vivre, quand je pouvais...

Il n'acheva pas, il sentit qu'il avait trop parlé, mais il n'était plus temps ; madame Hervieux, avec cette pénétration commune aux femmes, avait compris ce qu'il voulait cacher.

— Alfred, dit-elle d'un ton qu'elle s'efforçait de rendre sévère, je sais tout, vous vous êtes battu en duel avec Hébert, vous l'avez provoqué, ce n'est pas bien ; vous auriez dû ne pas oublier qu'il est mon parent !

— Aussi ne l'ai-je pas oublié, Anna; sans ce titre, il était mort ! j'avais sa vie entre mes mains, je pouvais la prendre, je le devais peut-être ! il m'avait offensé d'une manière indigne, comme un lâche.... Il avait dit... de ces choses qui veulent du sang ! et l'ayant en face de moi, poitrine contre poitrine, après avoir entendu siffler sa balle à mon oreille, je ne l'ai pas étendu raide mort... quand je n'avais qu'à presser une détente, à faire ce mouvement ! Oh! soyez sûre, Anna, que pour vous seule, je me suis sevré de ma vengeance ! elle était douce et légitime après tant d'affronts, car l'infâme, il ne voulait pas se rétracter, il serait mort plutôt ! Mais je t'ai fait ce sacrifice, Anna ! il fallait que je t'aimasse bien !...

—O mon Alfred ! s'écria madame Hervieux fondant en larmes... Puis ils tombèrent dans les bras l'un de l'autre. Un coup violent frappé à la porte leur fit brusquement relever la tête, et ils virent au carreau la figure insolente et radieuse du médecin, qui les considérait. Un mélange indéfinissable de joie et de méchanceté contractait sa physionomie. Alfred en eut peur, il sentit courir un frisson par tout son corps, et comme dans son trouble il ne se pressait pas d'ouvrir la loge, Hébert eut recours à l'ouvreuse.

— Ne vous dérangez pas, dit-il d'un air goguenard, je ne fais qu'entrer et sortir. Ma foi, belle cousine, je vous apporte une mauvaise nouvelle, Mazurier ne jouera pas ce soir, il vient de faire une chute effroyable qui devait le tuer cent fois ; il est tombé dans une trappe de quarante pieds de profondeur, et si je ne l'avais pas saigné immédiatement, je vous jure qu'il ne jouerait plus de sa vie dans *Polichinel Vampire*.

— Mais vraiment, c'est fort désagréable, mon cousin, pour nous d'abord, ensuite pour lui, ce pauvre diable ! Et que va-t-on nous donner en place ?

— Je ne sais pas encore, mais cela doit être décidé maintenant ; je retourne au théâtre, ma délicieuse cousine, et je reviendrai vous faire une visite dans le courant de la pièce, si monsieur veut bien me le permettre.

Il baisa la main de madame Hervieux, et sortit de la loge, en fredonnant un air italien.

—Le fat! dit Alfred, il me faut supporter ses insolences : Anna, c'est pour vous que je me contrains, que j'étouffe ma colère, toujours près d'éclater!

— La toile! la toile! hurlèrent plus de cent voix au parterre, commencez!... Alors tout le public des galeries et du poulailler, impatienté de la longueur de l'entr'acte, se mit à crier : *La toile!* Ce fut un épouvantable concert de sifflets et de trépignemens de pieds; les dames se bouchaient les oreilles, et tous les violons de l'orchestre avaient beau râcler, à grand accompagnement de trompettes et de caisse, le tumulte allait toujours croissant, lorsque enfin la toile se leva, mais au lieu du Polichinel-Vampire, on vit paraître le régisseur en habit noir, qui vint faire devant la rampe ses trois salutations au public. Il fut accueilli par un orage de sifflets.

—Messieurs, dit-il quand le silence se fut un peu rétabli, M. Mazurier vient de se blesser dangereusement; ce malheur nous force de changer la composition du spectacle, et si vous le permettez, messieurs, nous allons avoir l'honneur de représenter devant vous le mélodrame des *Deux Forçats*.

— Oui! oui! bravo! cria-t-on de tous les points de la salle.

— Quelle horrible pièce! partons, Anna, partons!

Alfred était si pâle, et chancelait tellement lorsqu'il essaya de se lever, que madame Hervieux lui saisit la main pour l'empêcher de tomber.

— Allons, Alfred, dit-elle avec douceur, soyez donc moins impressionnable ; il faut s'habituer à tout dans ce monde. Vraiment, je suis charmée qu'on donne ce mélodrame, on m'en a parlé tant de fois que j'ai la plus grande envie de le voir! D'ailleurs, vous savez ce que vous m'avez promis tout à l'heure, d'aimer un peu le mélodrame pour l'amour de moi.

Alfred ne répliqua rien et se rassit tranquillement.

Le mélodrame était commencé depuis quelque temps ; on écoutait religieusement dans le parterre cette prose vide et sonore toute boursouflée de sentences qui font les délices des boulevards. Alfred paraissait beaucoup souffrir et ne disait rien. Madame Hervieux tâchait de le distraire en plaisantant sur chaque phrase de la pièce, mais Alfred faisait mal à voir sourire, son œil était rivé sur la scène.

—Voyez donc, mon ami, comme c'est pastoral: tous ces bons paysans avec des guirlandes de fleurs, qui vont féliciter *M. François;* à la place de la grosse Thérèse, je n'épouserais pas cet homme, car son affaire est louche!

Alfred tressaillit. La porte s'ouvrit brusquement et le médecin rentra; il se plaça derrière sa cousine, tira sa lorgnette, et parut suivre la pièce avec attention. Pendant la scène où *François* est reconnu par un vagabond que poursuit la maréchaussée, Hébert semblait avoir cloué ses regards sur Alfred, dont la figure se décomposait.

— Qu'en dites-vous, mon adorable? ce pauvre *M. François* est sur les épines! comment diable sortira-t-il de là! C'est une position embarrassante pour un mari qui ne l'est pas encore. Son scélérat d'ami l'a reconnu.

Vieille connaissance de bagne, n'est-ce pas, M. Alfred?

Alfred porta la main à son front, et ne fit aucune réponse.

— Moi, je crois le mariage flambé, cousine, reprit le docteur en désignant Alfred du geste. Eh bien! qu'en pensez-vous ? ajouta-t-il à demi-voix, avais-je raison ? Voyez son trouble...

— Vous êtes fou, Hébert!... Vous m'empêchez d'entendre la pièce...

On entamait le second acte, et quand reparaissait le hideux personnage à qui *François* a donné l'hospitalité dans sa ferme, et qui vient toujours comme un mauvais génie se jeter à travers son bonheur, alors c'était chose horrible à voir que la pâleur d'Alfred et la joie de son impitoyable voisin.

— Bravo! criait le docteur ; ce diable d'homme ne veut pas s'en aller ; je plains *M. François*. J'attends la catastrophe.

Alfred serra les poings avec force; son cœur battait à soulever ses habits.

— Cela paraît vous intéresser prodigieusement, monsieur Alfred, reprit le médecin. Ce

n'est pas une pure invention de mélodrame;
l'histoire est vraie... Mais vous allez voir le
dénoûment.

Alfred poussa comme un rugissement sourd,
et jeta sur Hébert un œil ardent.

Celui-ci continuait toujours ses réflexions
sur la pièce avec la même impassibilité, et se
penchait à l'oreille de sa cousine, qui devenait
sérieuse et pensive : — Anna, regardez-le donc !
le bleu lui monte au visage... Je vous l'avais
bien dit ; vous n'avez pas voulu me croire :
étais-je mal informé?

Il se fit un changement de décorations.

C'est une salle de noces, autour de laquelle
sont placées des guirlandes de fleurs. On voit
dans le fond du théâtre un transparent avec
ces deux lettres T. F., ce qui veut dire *Thé-rèse-Françoise.*

— Pouvez-vous lire, monsieur Alfred? dit Hébert d'un air triomphant. Je vois bien un T.,
mais je ne distingue pas la seconde lettre. Ah !
parbleu ! j'y suis ; c'est un F... T. F., vous
comprenez ?... — Monsieur !... murmura le
jeune homme en grinçant des dents.

Mais la fête villageoise est interrompue par

des cris : Au voleur ! au voleur ! Un homme a pénétré dans la ferme, a forcé le secrétaire et s'est emparé de tout ce qu'il contenait. *François* est seul sur le théâtre ; il connaît le coupable : c'est l'infâme qu'il a caché dans sa maison. Il l'aperçoit, et l'arrêtant :

— Rends-moi ce que tu m'as pris, s'écrie-t-il, ou je te dénonce !

LE BRIGAND.

— Et moi, je dis qui tu es !

FRANÇOIS.

— Misérable ! tu vas mourir !

(*Il s'empare d'une hache, le brigand s'arme d'un pistolet. François se jette sur le brigand, qui s'enfuit. On entend un coup de feu.*)

— Cette pièce est affreuse ! dit madame Hervieux. Vous souffrez, mon cher Alfred ! partons !

— Un instant, vous allez voir le plus beau de l'affaire, reprit le docteur en retenant sa cousine par le bras quand elle se levait. Les cheveux d'Alfred étaient hérissés ; il suffoquait, les yeux lui sortaient de la tête.

— Attention, belle cousine, on ramène

François blessé. Remarquez bien que c'est au bras. On va le panser dans ce cabinet... Anna, vous êtes pâle! est-ce de voir monsieur?

A l'instant même des cris d'horreur se font entendre dans le cabinet, et *François* reparaît, sa chemise déchirée et pleine de sang : son épaule est marquée des lettres T. F !...

Un cri épouvantable retentit dans toute la salle; Alfred tomba évanoui.

— Ah! du secours! il se meurt, s'écria madame Hervieux, il étouffe! transportons-le dans le foyer.

— Oui, dans le foyer des acteurs, répondit le médecin : personne ne viendra nous troubler.

On mit Alfred, toujours évanoui, sur un canapé. Mais sa poitrine était si gonflée, que ses vêtemens craquaient. On eut beaucoup de peine à le débarrasser de tout ce qui le gênait; car il se tordait comme un furieux, et déchirait avec ses ongles les mains qui le déshabillaient. Madame Hervieux fondait en larmes, et suppliait son cousin de le sauver.

— C'est un homme perdu, cria le médecin, si je ne parviens pas à lui faire une saignée:

voyez, son visage est violet! l'apoplexie peut le frapper d'un moment à l'autre.

Alors trois vigoureux garçons de théâtre saisirent Alfred, l'un par les épaules, les deux autres par les poignets, et le médecin profitant d'un moment favorable, put donner son coup de lancette. Mais comme le sang ne coulait pas, il se disposait à percer une seconde fois la veine, quand le moribond fit un mouvement terrible comme pour s'échapper. Hébert le retint par le bras, et la chemise d'Alfred se fendit jusqu'à l'épaule...

— Anna, voyez plutôt : T. F.!

Madame Hervieux tomba sans connaissance sur le parquet. Les trois hommes qui tenaient le corps d'Alfred lâchèrent prise dans leur étonnement, et ce cadavre, qu'animait encore une pensée, la vengeance, se jeta sur le médecin, l'étreignit à la gorge et roula par terre avec lui. Ce dernier effort élargit l'ouverture de sa veine, et le sang jaillit abondamment, épais et noir comme de l'encre. Lutte effrayante qui n'eut pas de vainqueur! on ne parvint à séparer que deux corps morts. Les doigts crispés d'Alfred avaient laissé des marques bleues au cou de son ennemi, et tous deux plongeaient dans une mare de sang.

Ainsi, pendant qu'on représentait sur la scène le mélodrame des *Deux Forçats*, la même pièce, mais plus atroce, se jouait en réalité dans le foyer des acteurs.

JULES LACROIX.

La Veuve et l'Orphelin.

SCÈNE PARISIENNE EN NOVEMBRE 1832.

Léon Saintar avait perdu ses parens au sortir de l'enfance ; son éducation n'en avait cependant point souffert ; il venait d'être reçu avocat ; et déjà, parmi ses confrères, il s'était fait une réputation de sagesse et de talent qui lui avaient valu d'honorables suffrages. Saintar avait atteint vingt-cinq ans : sa taille était haute et gracieuse ; sa figure était noble et belle.

Tout entier à ses études, et possédant peu de fortune, il fuyait les plaisirs bruyans. Son avenir allait dépendre de ses succès au barreau : il s'élançait dans la carrière avec une confiance modeste. Quoique élégant dans ses manières, il n'avait point acquis cet usage du monde qui donne tant de grâce au langage et tant de puissance au talent. Léon, timide auprès des femmes, n'osait les aimer qu'en secret et les admirer qu'à l'écart. Ses grands yeux noirs ne manquaient pas d'éloquence; mais sa bouche, qui jusqu'à ce jour ne s'était ouverte que pour les hautes questions de la jurisprudence, n'avait encore aucune expression à ses ordres pour les tendres démonstrations de l'amour.

Saintar aimait la solitude. Une fois par semaine seulement, il allait passer la soirée chez un parent de sa mère où se réunissait une société choisie. Là ses regards s'attachaient avec une inquiète mélancolie sur la jeune baronne de Belza qu'entourait une foule d'adorateurs. Elle était veuve d'un officier de la garde; ses opinions royalistes étaient fortement prononcées: elle avait vingt-quatre ans; et jamais beauté plus touchante n'avait fait battre plus de cœurs.

Valentine de Belza avait un fils au berceau. L'oncle de l'enfant lui disputait en ce moment l'héritage de ses pères ; les tribunaux allaient être appelés à juger le procès. La veuve tremblait pour l'orphelin.

Léon Saintar s'était approché plus d'une fois de la séduisante baronne; il s'en était fait remarquer ; et peu à peu une sorte d'intimité s'était établie entre eux. Le jeune homme ne hasardait près d'elle aucune de ces phrases qui, sans être précisément des aveux de tendresse, n'en sont pas moins des appels d'amour. Il se tenait respectueusement devant elle hors de l'atmosphère passionnée où un seul pas fait en avant l'eût jeté d'écueils en écueils. Il s'enjoignait le calme, il s'imposait la gravité; mais le feu était sous ces glaces ; et des mots coupés brusquement, des regards soudainement voilés, un soupir étouffé sans cause, un départ hâté sans motif, tout en lui trahissait son cœur.

Il eût vivement désiré la faveur d'être admis chez la belle veuve; mais il eût craint d'en faire la demande. Un petit héritage venait de lui échoir : il s'est loué un joli appartement à la Chaussée-d'Antin ; il a meublé son cabinet avec goût. Sa bibliothèque est parée des ouvrages les plus remarquables tant anciens que modernes. Il s'est formé une clientèle ; il a de la réputation, des amis. La fortune commence à lui sourire : pourquoi donc est-il triste ?... Il aime.

Léon, seul un matin dans sa chambre, prête l'oreille à la voix d'un crieur public : *Arrestation de madame la duchesse de Berri !* Ces mots ont fait tressaillir le jeune homme. Il s'était imbu, à l'École de droit, de ces doctrines républicaines qui ont tant de charme pour les jeunes imaginations ; il s'était enflammé plus d'une fois, dans le cours de ses études, au récit des hauts faits du *peuple-roi*. Saintar avait une de ces nobles âmes qui se passionnent pour *le beau*, mais qui s'égarent dans *l'impossible*. Non-seulement *une république française* était l'objet de ses vœux et se montrait à lui dans une perspective peu éloignée, mais *une république universelle* lui apparaissait en outre au fond des âges comme une ère de bonheur et de gloire où la civilisation amènerait peu à peu l'espèce humaine. Ce règne d'un monde de frères, cette régénération sociale étaient l'élysée lointain qui, selon lui, attendait les nations épurées : il l'appelait de toutes les forces de son âme ; et, plein des gloires à venir, il gémissait sur les misères présentes.

La générosité de son cœur l'avait d'abord porté à plaindre l'auguste infortune de Marie-Caroline ; mais les songes de sa jeunesse ont bientôt repris sur lui leur empire. La prise de la duchesse de Berri ne se présente plus à son esprit que comme un heureux acheminement à l'extinction générale des familles souveraines et à l'entière destruction des pouvoirs absolus. Il voit la souveraineté du peuple grandissant devant l'abaissement des majestés royales ; et saisissant une plume, il écrit un dithyrambe énergique, où, en véritable poëte, il peint le dernier malheur des descendans de Henri IV comme un premier pas vers le renversement de toutes les têtes couronnées.

La pièce de vers est achevée. Le pâle soleil de novembre étendait ses derniers rayons sur Paris. Un coup de marteau frappé à la porte cochère de l'hôtel a retiré Saintar de ses méditations poétiques. Il s'approche de sa fenêtre... O ciel ! en croira-t-il ses yeux ! C'est Valentine de Belza qui vient visiter sa demeure. Elle prononce un nom : c'est le sien ; c'est lui qu'elle demande, elle est là. Des pas ont retenti sur l'escalier. Le jeune homme sent ses genoux plier sous lui; son cœur palpite avec violence. Il s'assied, il a pris un livre, puis il se lève brusquement, se regarde dans une glace, arrange ses cheveux, resserre sa cravate, et cherche à se faire une contenance. Mais il se trouve pâle, amaigri... Sa toilette, bien que recherchée, ne lui semble pas encore assez élégante. Il change ses meubles de place; il range son bureau, ses papiers. Il va et vient, il respire à peine. Un témoin l'aurait jugé fou.

La porte du cabinet s'ouvre. On annonce la baronne de Belza. Le jeune homme s'est élancé vers elle : — Quoi! lui dit-il en balbutiant, vous ici, madame!... chez moi! tant de bonheur... Veuillez vous asseoir. Pardon!.. ma tête est si troublée. Ce matin... si j'avais prévu!...

Et, en prononçant ces mots incohérens, il sonnait, demandait du feu, avançait un fauteuil à la baronne; et, près de tomber à genoux, il ne comprenait plus, dans son désordre, ni l'instant, ni la circonstance, ni *elle*, ni *lui*, ni personne.

La gracieuse veuve a souri : — En quoi donc, a-t-elle répondu, ma visite vous paraît-elle si étonnante? N'êtes-vous pas jurisconsulte? J'ai un procès, vous le savez. Il faut des conseils à la veuve, et des appuis à l'orphelin.

— O jour heureux! s'écrie Léon. Vous daigneriez me consulter! je pourrais vous être utile! Ah! madame, disposez de moi : mes soins, mon dévouement, mon cœur...

La dame l'interrompt d'un air froid : — Monsieur, voici les papiers du procès; veuillez en prendre connaissance.

Sa parole était lente et grave. Saintar, intimidé, jette un coup d'œil rapide sur les actes et mémoires qui viennent de lui être remis. Il y voit des lignes, des phrases, des timbres, des signatures, mais il n'y distingue pas autre chose; il ne peut y attacher aucun sens. Son intelligence est absente.

Ses regards couraient cependant avec une sorte de calme sur les papiers étalés devant lui; ses doigts tournaient les pages avec une

17

espèce de suite ; ses lèvres remuaient machinalement comme s'il lisait avec attention ; sa tête était penchée dans l'attitude d'une méditation profonde ; et la belle veuve, enchantée, le croyait tout à son procès.

Un long silence avait eu lieu. — Eh bien ! que pensez-vous de l'affaire ? a demandé la dame inquiète.

Saintar, comme réveillé en sursaut, relève son front agité. Il reste encore muet, il pâlit.

— Ah ! vous trouvez ma cause mauvaise ! reprend la veuve avec effroi.

— Moi ! je n'ai rien dit de semblable. Rassurez-vous, madame... au contraire. Mais il faut du temps, des recherches. Confiez-moi vos titres. Ce n'est pas en quelques minutes...

— C'est juste, interrompt Valentine. Examinez-les avec soin. Je reviendrai demain ; je vous quitte.

— Déjà !

— Vous suis-je nécessaire ?

— Sans doute ; il me faudrait des détails.

— Et lesquels ?

— Ceux que vous voudrez...

— Quel point vous embarrasse ?

— Oh! pas un. Mais, n'importe! parlez, madame.

— Je n'ai point d'éloquence, monsieur.

— Ah! vous n'en avez nul besoin, s'écria Léon avec transport. Il suffit que vous racontiez pour intéresser vivement. Non, ne vous fatiguez pas en explications pénibles : je comprendrai tout... et sans peine. Mon zèle vous répond du succès. Qu'y a-t-il de plus touchant ici-bas que les tribulations d'une veuve! Qu'y a-t-il de plus sacré sur la terre que la cause de l'orphelin!

L'œil de Saintar étincelait. — Vos paroles me font du bien, dit la dame. Conservez ces nobles pensées ; défendez constamment la sainte cause du malheur et de l'innocence ; c'est le devoir de la magistrature française. Hélas! une fatale nouvelle s'est répandue... la plus illustre des veuves est aujourd'hui traînée dans les fers, tandis que, dépouillé de son héritage, le plus grand des orphelins erre au loin d'exil en exil. Ah! la France regarde et juge : malheur! malheur aux déloyaux! la veuve est du sang des Césars, l'orphelin descend d'Henri IV.

Le front de l'avocat s'est rembruni. Les paroles qu'il vient d'entendre ne sont pas du nombre de celles qui ont coutume de trouver écho dans son âme. Valentine a continué :

— La duchesse de Berri en prison! en prison dans cette France où il y a culte au fond des cœurs pour tout ce qui est grand et magnanime! en prison, parce que, jeune femme sublime, elle a voulu se montrer digne de sa patrie adoptive en y déployant ce courage extraordinaire qui traverse avec dédain les dangers et brave avec orgueil les souffrances!... Eh bien! nous la contemplerons dans les fers, cette puissance vaincue devant laquelle on ne se sent de pitié que pour la puissance triomphante : elle y resplendira de ses maux, elle y va grandir de sa chute.

— Madame, a répliqué Saintar avec hésitation, j'avoue son courage héroïque; mais un essai de guerre civile...

— Qu'allez-vous dire! interrompt la noble veuve avec un mouvement de surprise où perçait le mécontentement. *La guerre civile!* Pouvez-vous méconnaître à ce point la mère du duc de Bordeaux! Ah! lorsque couchée sur la bruyère des forêts, enveloppée de la capote du soldat, elle parcourait la Vendée; lorsque, livrée aux vents des tempêtes, elle se faisait un sort de grand homme; lorsque, rompant le pain noir des huttes et buvant à l'eau des torrens, elle étonnait le monde entier de sa force et de sa constance : quel était son but magnanime ? *préserver la France de l'anarchie, ou la sauver de l'invasion.*

Valentine, dont le dévouement monarchique et l'âme exaltée célébraient chaque jour l'héroïne française, saisissant avec transport toutes les occasions de donner un libre essor à sa brûlante admiration pour elle, s'en était fait un devoir; et, pur en son prosélytisme, l'enthousiasme de son cœur se reflétait sur son langage.

— Vous parlez de *guerre civile!* poursuit-elle avec indignation; seriez-vous donc de ces hommes qui, l'esprit plein de phrases dictées, n'ont de pouvoir que pour *le fort*, et de pensées que contre *le faible ?* qui ne secourent la vertu que lorsque le crime est aux abois ? Magistrat! s'il en est ainsi, jetez la toge loin de vous; allez ramper devant la pourpre, quel que soit le passant qui la revête ! Ne parlez plus de défendre les opprimés ! Retirez-vous du sanctuaire de la justice et ne vous dites plus homme de loi ; car la justice veut le droit ; la loi punit les trahisons : tous les codes de l'univers sont pour la veuve et l'orphelin.

L'énergie de la belle royaliste a parlé au cœur du jeune homme. Il se sent ému, il se trouble. Elle a remarqué son agitation ; et y puisant l'espoir de le convaincre, elle a repris avec une force nouvelle.

— La fille des rois eût pu, sous les lambris dorés de l'Europe, chercher à s'arranger de l'exil ; Parme lui offrait l'exemple d'une mère et d'une souveraine qui s'était consolée à la fois et des infortunes d'un fils et de l'empire du monde ; mais Caroline avait reçu du ciel une de ces âmes fortement trempées qui n'entrent point en accommodement avec les revers, qui les domptent ou qui périssent. Elle préférait aux parures des nations voisines, aux hôtels des capitales étrangères, aux pompes des cours lointaines, une robe de bure portée en France, un toit de chaume aux terres de France, une tombe aux terres de France. Voilà ses crimes! Condamnez. Qu'un tribunal!...

— *Un tribunal!* répète Saintar indigné. Ah! que l'autorité se garde bien de donner en spectacle au monde l'héroïsme maternel sur le banc des accusés!... la France se lèverait comme un seul homme pour frapper d'anathème les juges.

— Bien! a répliqué la baronne, ceci est l'élan d'un Français. Saintar, vous aimerez Caroline; vous connaîtrez son âme sublime, et tôt ou tard, vous irez à elle, car la vraie grandeur a une attraction irrésistible. L'histoire vous racontera dignement les scènes, fabuleuses à force d'intérêt, où l'infatigable proscrite s'essayait à des souffrances surhumaines, et vos yeux se mouilleront de larmes. Cinq heures au milieu d'un étang glacé, la nuit, plongée dans l'eau jusqu'à la poitrine, et pas un cri! pas un murmure! Puis, vingt heures dans une étuve ardente, le feu prenant à ses habits, sans alimens, sans clarté, sans air, et nul désespoir! nulle plainte! Mystérieuse victime, elle a passé ainsi aux plus horribles épreuves de l'eau et du feu, comme au creuset où l'or s'épure... Ah! dévouement, résignation, torture de l'âme et du corps, tout lui sera compté quelque jour : rien de grand ne se perd en France.

La baronne s'est arrêtée, ses traits charmans, animés par les inspirations de son âme, resplendissaient d'un feu extraordinaire. Léon la regardait avec admiration, et l'écoutait avec attendrissement.

— Saintar ! continue-t-elle d'une voix douce et tendre, vous avez admiré, je le sais, l'immortel géant des batailles qui subjugua l'Europe étonnée. Eh bien! si vous aimez les merveilles, contemplez Marie-Caroline. Elle est, depuis la disparition de l'aigle impérial, la grande figure du siècle. Ce n'est plus cette fois, entre la victoire et l'abîme, un combattant terrible poussé à renverser de sa main de fer, institutions, rois et armées ; c'est, entre un beau ciel et de noirs orages, une médiatrice sublime appelée à relever les ruines et à réparer les désastres. Oh! pour bien faire parallèle avec le plus redoutable des hommes, il fallait la plus touchante des femmes : même courage, magies diverses : voie différente, égal héroïsme. Placés aux deux bouts de la chaîne des prodiges humains, leurs noms sont en regard aux yeux de l'Europe : NAPOLÉON, *Marie-Caroline.*

— Mais le rétablissement d'Henri V, a répliqué soudain l'avocat, n'est-il pas l'unique pensée ?...

— De l'auguste mère : oui, sans doute. Le crime dont on l'accuse est de s'être imaginée que *le droit* en France pouvait encore être *chose sacrée.* Eh bien, si pareille pensée mérite poursuite et prison, arrêtez donc, en ce cas, les grands politiques du siècle, *les Guizot, les Séguier, les Decazes, les Pasquier,* etc, car leur culpabilité est la même : voici ce qu'ils ont pensé et écrit : *Si le droit manque au pouvoir, la société est dissoute* [1]. *Tant que se perpétuera la race de nos rois légitimes, la France sera son héritage* [2]. *La légitimité est impéris-*

[1] Guizot. Du gouvernement de la France. Il ajoute : *La légitimité seule donne à la vie sociale cette étendue, cette perpétuité qui est un des premiers besoins de notre nature.*

[2] Séguier, 1814. Il ajoute : *Ainsi, la raison le conseille, la loi l'ordonne et la justice le proclame.*

sable comme elle est sainte [1]. *Le gouvernement légitime sera le gouvernement éternel* [2]. *L'usurpation est chose infâme* [3]. Ces déclarations sont patentes. Il en est qui partent des agens du pouvoir né des barricades. Les premiers publicistes de France y ont joint leurs mâles accens [4]. Et l'on voudrait que la mère du duc de Bordeaux, appuyée sur de pareilles autorités, et tout entière aux traditions de Charles VII et d'Henri IV, n'ait pas eu foi à l'avenir de son fils !... Hommes de la révolution, faux apôtres de la liberté, imposez donc silence à toutes les plumes, faites donc taire toutes les opinions, et quand il n'y aura plus de lois, tâchez aussi qu'il n'y ait plus de nature [5] !

Valentine s'était levée. Saintar, vivement

---

[1] Le duc Decazes, 1817.
[2] Pasquier, 1815. Il ajoute : *Celui qui le renverserait devrait être exclu de cette terre sur laquelle il est indigne de vivre.*
[3] Benj. Constant. De l'Esprit d'usurpation.
[4] Les Chateaubriand, les Fitz-James, les Berryer, les Cormenin, les Dupont (de l'Eure), et presque tous les écrivains célèbres.
[5] Quelques-unes de ces phrases sur l'auguste captive de Blaye ont été insérées dans un recueil périodique..

ébranlé dans ses opinions, ne cherche point à résister à la fascination qu'il éprouve. Il n'est point encore vaincu, mais il se garderait de combattre : ce n'est qu'en succombant qu'il peut plaire. La résistance est une faute, quand la défaite est un succès.

— Noble dame, s'est-il écrié, je veux me rendre digne de vous! je défendrai la cause des veuves, je serai l'appui des orphelins. Soyez pour moi un guide, une amie!...

Ce dernier mot, venu trop vite, a surpris, a blessé la veuve. Une vague inquiétude s'est manifestée sur ses traits. Il lui est impossible de rassembler dans son esprit quelques-unes de ces paroles insignifiantes qui changent un entretien dangereux et retirent d'une position embarrassante. Elle fait quelques pas au hasard; et son regard, errant autour d'elle, tombe sur le dithyrambe de Saintar; elle en a pu lire le titre : *Vers sur la duchesse captive.*

— Qu'aperçois-je! dit la baronne. Quoi, vous auriez chanté ses malheurs!... déjà!... une ode!... Oh! lisez-la moi.

Saintar a changé de couleur, son visage se décompose ; il voudrait ressaisir son dithyrambe; mais Valentine l'a dans ses mains; et, soit calcul ou distraction, elle tient à le conserver.

— De grâce! a répliqué le poëte, jetez ces vers, ils sont mauvais; j'étais mal inspiré tout à l'heure : je le serais bien mieux maintenant.

— Je comprends, a repris la baronne d'un ton dédaigneux et froid; votre poésie était dirigée contre le dévouement d'une femme, et contre l'élan d'une mère. Pardon, monsieur, de ma visite; je m'étais trompée, je le vois. Je vous croyais une âme française, et je n'ai devant moi, peut-être, qu'un *Deutz*... ou quelque chose de semblable... un admirateur des félons.

— Juste ciel! quel sanglant outrage! Moi!...

— Justifiez-vous; c'est facile.

— Et comment?

— Lisez-moi vos vers.

— Donnez-les moi, madame, donnez!

Valentine les lui remet. Il les regarde avec une sorte d'horreur; il frémit de l'effet qu'il vont produire. Il les parcourt rapidement. Il peut à peine concevoir en ce moment que cette poésie soit la sienne. La veuve s'est rassise... elle écoute.

Saintar va commencer sa lecture. Il laisse tout à coup retomber douloureusement sa main et son papier. — Un peu d'indulgence, madame! dit-il d'une voix suppliante. A mon âge... on peut se méprendre... quelques idées républicaines...

— Sont permises et pardonnables, achève avec douceur la baronne. Une république, telle que la rêve une jeunesse ardente et généreuse, a quelque chose en elle de grand et de noble; mais c'est un monument fantastique qui ne plane que sur des gouffres. En apparence c'est le ciel, en réalité c'est l'enfer. L'essai a eu lieu récemment : la France a subi des Brutus. Saintar, elle en a souvenance. Anathème au fatal génie de la république! le crime et les désolations ont signalé parmi nous son passage. Qui pourrait aujourd'hui l'envisager sans horreur? les meurtres l'ont marqué au front.

Saintar, l'œil fixé sur son ode, n'écoutait plus la belle veuve. Des frissons couraient dans ses membres; son angoisse était inexprimable, et le regard de Valentine épiait tous ses mouvemens.

Un trait de lumière a éclairci son visage à l'improviste. L'amour semble venu à son aide : que lui aura-t-il suggéré ?

— Si mon ode, demande-t-il, est dirigée contre Caroline, vous me haïrez, n'est-ce pas ?

— Vous haïr ! le terme est bien fort. J'éviterai votre présence, et je cesserai de vous voir.

— Ce sera sans doute par mépris. J'aime autant que l'on me haïsse.

— Je ne vous ai point offert le choix.

— Et si mon dithyrambe est pour elle ?...

La dame a tressailli d'étonnement; son regard est devenu presque caressant; sa voix est devenue presque tendre. — *Pour elle !* je ne puis le croire.

— Eh bien ! reprend Saintar avec impétuosité, laissez-moi faire mes conditions. Si les vers que je vais vous lire attaquent la duchesse de Berri, je me bannis à jamais de votre vue. S'ils sont, au contraire, à sa louange, vous m'ouvrirez votre maison, vous m'y donnerez un libre accès, vous m'y recevrez avec bonté ; et si, dans un entier dévouement, il est des amertumes secrètes, vous me pardonnerez de souffrir.

Une vive rougeur a coloré les joues de Valentine. C'est elle, à son tour, qui se trouble. Elle a feint de n'avoir pas compris toute l'étendue des paroles énigmatiques du jeune homme ; et, par un léger signe de tête, elle a paru donner son assentiment aux conditions du traité.

Saintar a repris son papier. Il est debout, appuyé sur son bureau, le cœur palpitant d'amour, d'espérance et de crainte. Il a appelé secrètement à son secours toutes les ressources de son imagination. Sa vie, son bonheur, son avenir, tout lui semble dépendre de ce moment décisif et solennel. Ses beaux yeux se sont levés vers le ciel comme pour lui demander les inspirations du génie : le jeune poëte improvise.

O puissance de la beauté ! ô merveille de l'amour ! le plaidoyer de la baronne en faveur de l'auguste captive s'était gravé en traits de feu dans la mémoire de Saintar. La puissance du droit et de la vérité avait agi sur son esprit et sur son cœur indépendamment de lui-même. Il ne lit point ce que lu. offre le dithyrambe. Sa cantate à la liberté s'est transformée tout à coup en un hymne à l'amour maternel. Tout ce qu'il venait d'entendre sortir des lèvres de la belle veuve, il s'en est emparé au passage, il l'a traduit en vers énergiques; et la sublime Caroline a un barde de plus à ses pieds.

Qui peindrait l'enthousiasme de Valentine à cette lecture inattendue! elle a saisi presque involontairement la main de l'avocat inspiré; et, levant sur lui des yeux humides de larmes :
— Saintar! pardonnez-moi! lui dit-elle. Oh! que je vous avais mal jugé!

Il y avait dans l'expression de ces mots une simplicité de langage et une harmonie d'amour qui ont vibré au cœur du poëte. Il venait d'achever son ode. — Saintar! remettez-moi ces beaux vers, reprend la dame avec instance, donnez-les moi... je les réclame; puis vous viendrez chez moi. Mais votre ode!... je veux l'apprendre. Vous ne pouvez me la refuser.

— Elle est mal écrite... illisible. Je la mettrai au net... et demain!...

— Non, il me la faut aujourd'hui. Je veux emporter vos vers tels que vous venez de me les lire; je tiens à en avoir le brouillon : ce sera plus précieux... Donnez.

Quel nouvel embarras! quel supplice!... Saintar ne trouve plus cette fois dans sa pensée aucun expédient secourable. La baronne, étonnée du bouleversement de sa physionomie, a déjà conçu des soupçons... le sourire a fui de ses lèvres. La tête du poëte s'égare... le malheureux tombe à genoux.

— Madame! s'écrie-t-il hors de lui, je vous ai trompée... voici l'ode. C'était presque une *Marseillaise;* voyez jusqu'où va votre empire! j'en ai fait un *chant monarchique.*

Il cache son front dans ses mains. Son attitude est celle d'un condamné prêt à ouïr un arrêt de mort. La veuve, à moitié désarmée, a pris pitié de sa douleur.

— Ainsi donc, a-t-elle repris en soupirant, ce n'était point un hymne du cœur, mais un tour de force de l'esprit! Vos vers n'étaient qu'un subterfuge, votre enthousiasme qu'une feinte. Ah, Saintar! quand l'accord est faux, la lyre a perdu tout son prix.

— Non, répond le jeune poëte, mes accens n'étaient pas trompeurs. J'avais entendu votre voix! Que ne peut cette voix puissante plaidant une noble cause! Mon âme avait tiré de la vôtre un sublime amour pour la veuve, un noble élan pour l'orphelin!

— Levez-vous, a dit Valentine.

Et dans sa voix est un pardon.

— Pas encore, s'écrie Saintar. Ce n'est que la pitié qui me parle en vous. Prononcez un dernier arrêt; que la sentence soit complète. Il faut absoudre ou condamner. L'amour!... Ah! quel nom prononcé-je! N'importe! je l'ai dit : c'en est fait! Je puis parler tout haut maintenant, car je suis au bord de l'abîme. Je vous aime, je vous adore... vous êtes tout pour moi sur la terre. J'étais... Hélas! que pouvais-je être!... Je suis... Que voulez-vous que je sois?

— Levez-vous donc! reprend la baronne d'un ton mêlé de tendresse et de douceur. Comment ne pardonnerais-je pas! j'aurais peut-être moi-même à m'excuser à vos yeux de la vivacité avec laquelle j'ai défendu une cause qui me paraît européenne, et qui m'occupe constamment. Mais, selon moi, honte et mépris à toute femme, épouse et mère, qui, s'isolant des hautes questions qui bouleversent les États, vit étrangère à l'ordre social! Demain vous m'apporterez votre ode : d'ici là je réfléchirai. Saintar, il faut que l'opinion d'un homme soit basée sur la force de la conviction, et non sur les prestiges de l'amour. Prenez parti pour le *dévouement* et la *justice*, si vous voulez que je vous croie susceptible de sentiment et de fidélité. Il faut être Français pour me plaire, Français de cœur et d'opinion. Me comprenez-vous ?... A demain!...

. . . .
. . . .

On raconte qu'un mois après cette scène, un beau jeune homme faisait afficher ses bans à la mairie du 1er arrondissement de Paris. Il paraissait ivre de joie. Il se nommait Léon Saintar [1].

[1] Le fond de cette nouvelle est vrai ; on a seulement changé les noms.

Vte D'ARLINCOURT.

L'AMOUR D'AUTREFOIS

ET

L'AMOUR D'AUJOURD'HUI,

HISTOIRE D'HIER ET DE 1760.

Par une belle matinée de dimanche (car j'ai conservé l'usage patriarcal du repos hebdomadaire), poudré et coiffé des mains d'un artiste de la vieille roche, vêtu de mon habit neuf marron qui ne vaut pas le frac de velours vert épinglé et brodé que je portais en 1768, je m'acheminai vers le quartier de la Nouvelle-Athènes où la mode a élu domicile dans des maisons étroites, élégantes et symétriques, dans des rues tirées au cordeau et largement aérées : j'avoue que j'aime à voir le Paris du moyen-âge, boueux, infect, noir et pittoresque avec ses pignons qui surplombent, ses ruelles qui serpentent et se croisent, ses façades surchargées d'ornemens de sculpture, ses gouttières qui s'allongent en gorgones et ses églises enfumées par les siècles, mais j'avoue aussi que je n'aimerais pas à l'habiter : il n'est pas donné à tout le monde de vivre dans le cloaque de la cité et dans le repaire des Halles.

L'ami que je venais visiter d'une extrémité de la ville à l'autre, est sans contredit notre premier auteur au théâtre : nul mieux que lui ne possède cette entente de la scène, cette intelligence du parterre, ces ressources d'imagination et cette éloquence des passions, rares qualités dont l'assemblage fait le génie dramatique : aussi mon ami, sans cabales, sans intrigues et même sans charlatanisme, compte-t-il les plus beaux, les plus légitimes succès de notre époque, et il n'a pas trente ans !

J'entrai dans un magnifique hôtel, je montai un escalier digne d'un palais de Venise, et je fus introduit dans un délicieux boudoir assez peu semblable à mon cabinet d'étude tout encombré d'in-folios, de papiers, d'antiquailles et de poussière : la tenture de soie bleue disparaissait sous les tableaux, les dessins et les cadres gothiques aussi lourds de dorures que légers de travail; un tapis d'Aubusson déployait sur le parquet ses rosaces aux vives couleurs ; sur la cheminée, des bronzes, des médailles, des grotesques de Dantan et des laques de Chine; dans la bibliothèque de citronnier un choix de livres dont la reliure disputait de richesse avec la typographie ; aux fenêtres quelques vitraux d'Albert Durer, çà et là quelques armes ciselées de Benvenuto Cellini, et sur une console deux admirables bustes par Jehan Duseigneur.

Mon ami, qui est de taille élancée et de noble encolure, avec une de ces physionomies mobiles, caractérisées, gracieuses, marquées au coin de l'esprit et du génie, venait d'écrire un billet que son groom botté et ganté attendait le poing sur la hanche comme un portrait de Wandick. Il était paresseusement renversé sur les coussins de son divan, dans le luxueux négligé du matin : la cravate déjà composée, la chevelure arrondie en touffes harmonieu-

ses, et la robe de chambre, à plis flottans, à ceinture serrée, dont l'étoffe de satin à fleurs semblait descendue en ligne directe de la garde-robe de madame de Pompadour ; il tenait à la main une pipe turque d'écume de mer à long tuyau de bambou, dans laquelle il fumait du tabac de la Havane.

— Tu m'entends bien, Jacques, dit-il à son domestique attentif à cet ordre compliqué : Tu porteras cette lettre rue d'Antin, n° 19, chez mademoiselle Augustina, artiste de l'Académie Royale de musique ; tu la remettras à elle-même de ma part, en lui disant que lord Moncolm viendra chercher la réponse aujourd'hui après la répétition.... ou plutôt donne la lettre sans ajouter un mot.

Le groom inclina la tête en signe d'obéissance et sortit avec la lettre parfumée. Mon ami, qui ne m'avait pas aperçu entr'ouvrant la porte, courut à ma rencontre, m'attira sur le sopha près de lui et commença par réminiscence à rire de si joyeuse humeur, qu'il m'inspira l'envie de l'imiter. Je lui demandai le sujet de cette subite et pétulante gaîté ; les éclats de rire l'empêchèrent de prendre la parole, et pour lui donner le temps de se calmer, je tirai ma tabatière, cette compagne inséparable de ma vieillesse, et j'y puisai à trois reprises successives avant que mon ami eût retrouvé la voix.

— Ce sera bien la plus plaisante aventure, si elle arrive à fin! s'écria-t-il en s'accompagnant de nouveaux rires; je passe en général pour un homme serviable et dévoué; mais voilà de quoi étonner ceux qui me connaissent le mieux! Écoutez comme je me sacrifie à mes amis et voyez si je ne mérite pas le prix de vertu : Je suis lié intimement avec un jeune lord anglais, qui réunit à des connaissances étendues et au zèle le plus ardent pour l'art, les qualités inappréciables d'une âme élevée : le hasard nous a rapprochés, et bientôt une estime réciproque a fait succéder aux relations purement littéraires des relations de vive et sympathique amitié. Mon Anglais est bien fait, spirituel, riche, et il s'exprime assez nettement en français pour courir la poste des bonnes fortunes dans le grand monde; mais par contradiction le grand monde l'ennuie, et pour fuir le grand monde il s'est jeté à corps perdu dans le monde des actrices. Il y a du bon chez elles ; leur société est divertissante, chatouillante et toujours neuve, quoique ces dames ne rajeunissent pas plus que les comtesses du faubourg Saint-Germain. On se damne à plaisir au moins entre deux vins et deux maîtresses. Bibliophile, nous vous débaucherons un jour !

Je reviens à milord qui a rencontré peu de cruelles, grâce à sa figure et surtout à sa bourse. Cependant toutes les femmes sont capricieuses et les actrices sont deux fois femmes sur ce chapitre : Augustina, la plus jolie danseuse de l'Opéra, s'est faite prude et sévère, peut-être pour la première fois de sa vie ; elle sait que les anglais épousent, et l'espérance du sacrement l'a rendue inaccessible aux plus brillantes propositions de mon Anglais qui s'en est épris à mourir de spleen, à se brûler la cervelle, s'il ne réussit pas, et jusqu'à présent son amour, prodigue de lettres, de promesses, de présens, de prières et de mille folies d'un effet presque assuré, marche à grands pas d'écrevisse dans le sentier battu de la galanterie. Lord Moncolm a tout tenté pour n'obtenir que la honte d'un refus, d'une ironie et d'une défaite. C'est un parti pris de le désoler, de l'accabler et même de le blesser ; Augustina est aveugle et sourde pour lui seul ; on dirait qu'elle change plus souvent d'amans, pour ne pas lui laisser d'espoir. — Milord a de la constance, dit-elle en raillant ; d'ailleurs il est trop aimable pour qu'on l'oublie tôt ou tard.

Par bonheur pour Moncolm, je suis des favoris d'Augustina, qui me doit certaine démarche en sa faveur auprès de son directeur, et à laquelle je ne dois rien que des protestations de gratitude et des témoignages empressés d'attachement. Néanmoins je n'ai jamais recherché de rapports plus intimes, à cause de la facilité même que j'avais à les établir, et nous en sommes restés aux termes d'une franche et désintéressée amitié, comme si Augustina fût un homme. La différence des sexes s'est tellement effacée entre nous que je suis son confident et son conseiller : elle est pourtant jolie, fringante et mignonne ; elle a une jambe superbe, une gorge divine et deux diables d'yeux noirs qui font l'impossible : Eh bien ! nous avons déjeuné, dîné et soupé en tête à tête, et il n'est résulté du champagne qu'un baiser au front, parole d'honneur !

Quand Moncolm maigri, pâli et à moitié fou de cette résistance inouïe, m'a confié qu'il épouserait de guerre lasse sa belle inhumaine, j'ai failli le foudroyer de joie en lui offrant de terminer son affaire sans recourir à ce moyen désespéré ; il crut d'abord que je raillais son piteux échec et il m'eût cherché querelle à moi-même pour en finir avec cette vie où les danseuses d'Opéra font les bégueules ; mais il m'étouffa d'embrassades et m'étourdit de remercîmens lorsque j'improvisai devant lui le brouillon de la lettre que mon domestique vient de porter tout à l'heure chez Augustina :

« Êtes-vous devenue marbre ou pucelle,
« ma chère ? Je ne vous reconnais plus à vos
« œuvres ; vous allez suicider un galant homme,
« un lord anglais, un charmant garçon, un de
« mes amis. C'est un crime que je ne pardon-
« nerais pas à de plus beaux yeux que les vôtres,
« s'il en était dans tout le corps de ballets.

« Sachez, méchante, que mes amis sont la chair
« de ma chair et la pensée de ma pensée. Voici
« la raison qui me décide à vous renvoyer lord
« Moncolm, dûment recommandé et apostillé :
« il me semble digne d'obtenir l'objet de sa
« requête, et je voudrais être maître d'en dis-
« poser. Tâchez de faire quelque chose pour
« moi, qui aurai part à ce que vous daignerez
« faire pour lui. Je vous baise l'orteil en sym-
« bole de soumission et d'adoration. C'est ainsi
« qu'on se donnait au diable, lorsqu'il y avait
« un diable en enfer : il est aujourd'hui à
« l'Opéra. »

Mon protégé, animé de cet enthousiasme qui est le sûr garant du succès, m'a quitté presque en délire pour se mettre sous les armes et s'apprêter à recueillir le bénéfice de la lettre de change que j'ai souscrite à son profit.

— En vérité, vous faites du drame et de la comédie sans y penser, repris-je en souriant de cette bizarre invention ; pourtant j'avoue que l'amour d'aujourd'hui est plus impertinent que l'amour d'autrefois. Moi aussi, j'ai sacrifié mon bonheur à celui d'un autre; mais ce fut un véritable sacrifice puisque j'aimais la maîtresse de mon rival. Ah, libertin, vous n'auriez pas eu tant de courage et de continence !

— Vous avez été jeune comme nous, mais dans un autre temps, où les mœurs étaient inexpugnables dans la bourgeoisie. Racontez-moi donc vos amours, mon ami, pour contraster un peu avec nos orgies. Que voulez-vous ? Le genre idylle et madrigal est enseveli sous la perruque à marteaux.

— Cependant c'est une scène de drame que j'ai à vous conter, quoiqu'il n'y ait personne de mort; je veux vous faire rougir de vous et de votre siècle.

En l'année 1764, mémorable dans notre histoire par l'expulsion définitive des jésuites à l'occasion de l'attentat de Damiens contre Louis XV, comme ils avaient déjà été chassés de France par Henri IV en châtiment du crime de Jean Chatel, je venais de terminer ma philosophie au collége de Montaigu, quoique je portasse barbe au menton ; car l'éducation collégiale était plus développée que de nos jours, et il n'était pas rare de voir des hommes faits sur les bancs des écoles ; on n'en trouverait plus d'exemples que dans les universités d'Allemagne. Il faut avouer pourtant que nous étions tout cuirassés et caparaçonnés de grec et de latin.

J'habitais à cette époque un petit appartement, convenable à mes modestes revenus, situé au cinquième étage d'une maison qui en avait six, dans la rue d'Écosse, pour être à portée des cours de l'École de Droit, rue Saint-Jean-de-Beauvais. Ce quartier Saint-Jacques, où ma jeunesse s'écoulait dans une solitude studieuse, m'était cher à l'instar d'une seconde patrie : j'aimais cette intéressante population de libraires et de bouquinistes qui imprimaient et vendaient sous le patronage de l'Université : c'était dans leurs boutiques et au milieu de leur famille de volumes que je passais les plus doux momens, que je trouvais les plus vifs plaisirs ; car alors je portais ma robe blanche d'innocence et un habit de grosse ratine usé aux coudes, avec la culotte de droguet depuis long-temps mûre à l'endroit des genoux, et les bas chinés dessinant les maigres arêtes de mes mollets.

Mais voici qu'un beau matin, adieu bouquinistes et libraires, adieu éditions gothiques et parchemins manuscrits! Je devins amoureux, amoureux muet, amoureux patient, amoureux en expectative : vous ne savez pas ce que c'est qu'un bibliophile qui transporte son amour de papier, d'impression et de reliure, sur un seul objet animé, de fraîche date, livre nouveau et rare qui peut être revu et augmenté, dont la première page est encore vierge et qu'on possède avec plus de jalousie qu'un elzevir non rogné!

Dans une maison de l'autre côté de la rue et à la fenêtre d'une mansarde, vis-à-vis de mon grenier, j'aperçus une jolie tête blonde que je regardai complaisamment : des yeux bleus mélancoliques, une bouche couleur de cerise, un air pudibond et agaçant, une chevelure bouclée que la poudre avait respectée, une taille de nymphe sans panier, des bras admirables et une gorge de déesse où je plongeais des regards indiscrets à travers les écarts de la collerette, la moindre de ces perfections eût suffi pour attendrir un cœur plus dur que le mien et affoler une tête plus forte que la mienne. Ce n'était pourtant qu'une brocheuse qui travaillait pour la librairie de M. Barbou, et elle n'avait que vingt ans, sa petite chambre et sa liberté, quoique bien des classiques latins lui eussent déjà passé par les mains. Elle se nommait Nanette tout court, et sa figure pouvait lui tenir lieu de lettres de noblesse, puisque la comtesse Dubarry était partie de plus bas et que les femmes régnaient sous Louis XV.

Cependant Nanette restait sage et brocheuse; le voisinage des colléges, des écoles et des encyclopédistes n'avait pas prévalu contre sa vertu, ou plutôt un amour caché la gardait des dangers auxquels l'exposaient sa beauté, son inexpérience, les jeunes gens et les vieux libertins. Pour moi qui l'observais à toute heure du jour et même de la nuit, n'ayant jamais remarqué l'ombre d'un homme dans sa chambre ni la plus légère équivoque dans sa conduite, je me laissai séduire à ces apparences austères, et je m'enthousiasmai par degrés pour la plus chaste et la plus adorable des brocheuses, avant d'oser une seule fois lui adresser la parole en face.

Elle avait l'habitude d'établir son atelier devant une fenêtre ouverte, sans doute pour être plus près du jour, qui ne pénétrait pas au fond de sa mansarde; mais je me persuadai, malgré les dénégations de ma modestie, que je n'étais pas étranger à ces longues stations durant lesquelles je crus naïvement devenir l'unique but des regards et des sourires qui avaient l'air de m'arriver en ligne directe. Je commençai par imiter la brocheuse en m'installant aussi à ma fenêtre entre deux piles de bouquins que je feuilletais sans m'enivrer de leur docte poussière : mes prunelles restaient braquées sur ma voisine qui semblait prendre plaisir à me voir remuer du papier à son exemple, et qui cadençait le froissement des feuilles imprimées comme pour produire une sorte de musique harmonieuse aux oreilles d'un bibliophile.

Dans l'espace d'un mois, je collationnai plus de cent volumes in-folio, tandis que Nanette en brocha plus de cent in-douze : la contemplation est en amour ce que fut le miroir ardent d'Archimède qui brûlait des vaisseaux en pleine mer.

Bientôt j'oubliai que l'intervalle de la rue nous séparait, et je poussai des soupirs qui eurent de l'écho. Ma joie fut au comble, parce que je m'imaginai avoir mis aux abois l'innocence effrayée et battue en brèche, qui ne demandait qu'une honorable capitulation, tant il est vrai qu'un amant aveugle ne voit pas même au grand soleil! Je me hasardai à employer les armes offensives des signes de tête, des grimaces agaçantes, du langage télégraphique des gestes, des baisers volans et des lettres; mais on ne répondit pas à ces attaques en règle, que je dirigeais avec tout l'art d'Ovide et de Gentil-Bernard. Seulement la brocheuse baissait les yeux en rougissant, ou redoublait de zèle laborieux sans regarder ma fenêtre, ou se détournait pour rire, ou bien, après avoir essayé de faire sérieuse contenance, s'éloignait de sa croisée avec humeur. J'attribuais ces différens manéges à la coquetterie et à l'astuce féminine. Pauvre novice que j'étais!

A l'étage supérieur, et au-dessus de ma

chambre, logeait un jeune théologien, que ses parens, riches agriculteurs de Picardie, destinaient à l'état ecclésiastique. On l'avait envoyé, dans ce dessein, étudier à Paris le droit sacré et canonique en Sorbonne sous le père Ribalier, qui, depuis l'illustre dom Calmet, était le premier docteur ès-sciences religieuses. Athanase Gerbier (ainsi s'appelait l'apprenti-prêtre) avait en sa personne toutes sortes de qualités inutiles à un homme d'église qui ne veut plaire qu'à Dieu en édifiant le prochain : il aurait pu être admis dans la garde du roi Frédéric, à cause de sa stature gigantesque. Ses yeux noirs et vifs, sa barbe et ses cheveux touffus, ses traits fins et réguliers composaient une physionomie capable d'inspirer des distractions aux dévotes les plus coriaces. Aussi n'était-ce qu'à son corps défendant qu'il portait la soutane longue de drap noir, le rabat et le chapeau des séculiers.

Athanase Gerbier se prêtait de si mauvaise grâce aux vues pieuses de son père, qu'il ne faisait qu'essuyer les bancs de la classe de théologie, et ne retirait de son apprentissage qu'un invincible dégoût pour la robe qu'on lui destinait : il avait à peine retenu assez de latin et de formules techniques pour répondre aux examens nécessaires. Mais comme à cette époque le clergé, qui comptait sa puissance par le nombre de ses recrues annuelles, se montrait peu difficile sur le choix de ses nouveaux membres, il fut reçu malgré lui par l'évêque et jugé digne d'être ordonné prêtre à la Pentecôte. Son père, glorieux d'avoir un tel fils pour la bénédiction de sa maison et de ses champs, lui écrivit de se rendre à Amiens, où la cérémonie de l'ordination aurait lieu en présence de sa famille. Gerbier, qui avait espéré, en désespoir de cause, qu'un arrêt épiscopal lui serait favorable en prononçant son exclusion, tomba dans un inerte découragement ; car la force morale lui manquait au point de n'oser pas combattre l'autorité paternelle, qui disposait de son avenir et le condamnait à un état si répugnant à sa vocation. Il souffrait de cette faiblesse pusillanime, et ne tentait pas de la vaincre.

J'avais voulu lier avec lui des rapports de voisinage et d'érudition ; mais il était trop timide et trop taciturne pour me tenir compte de mes avances réitérées, qui paraissaient l'embarrasser, à sa manière de rougir en balbutiant et de battre en retraite avec force saluts. Plusieurs fois j'avais entamé un entretien tout personnel pour le mettre à son aise et entrer plus avant dans sa confiance; mais ses maîtres fourrés l'avaient déjà corrigé de sa franchise et enfariné d'hypocrisie. D'ailleurs il se sentait honteux de son ignorance, que je mettais à nu sans le vouloir, et nos relations devinrent plus rares à mesure que je perdais plus de temps à mon intrigue dont je faisais seul tous les frais par la fenêtre. Il y eut même entre nous une froideur qui faillit se tourner en haine; car Gerbier évitait de me rencontrer et me lançait des coups d'œil menaçans.

Un jour je le trouvai dans l'escalier : il portait une cassette, et s'arrêtait à chaque marche, moins pour reprendre haleine sous son fardeau que pour reculer le moment d'un départ; il versait des larmes et s'essuyait les yeux du revers de la main. Je l'examinai avant de l'aborder et j'eus pitié de sa douleur.

— Qu'avez-vous donc à pleurer, M. Athanase? lui demandai-je d'un air d'intérêt qui n'était pas feint; vous est-il arrivé malheur pour votre thèse?

— Ah! reprit-il en fronçant le sourcil, vous êtes bien content que je parte! Oui, mon père est venu me chercher; il m'emmène à Amiens pour être prêtre! Mon Dieu! si j'osais lui avouer la vérité!... Oui, je suis le plus infortuné des hommes!

— Comment! on va vous ordonner prêtre? Je vous en fais mon compliment; c'est fort estimable, et vous pourrez aller loin avec un peu d'audace, d'adresse et de talent, surtout si vous prêchez. Les Bourdaloue, les Massillon et les Bossuet sont des modèles à suivre. Je vous conseille de vous essayer d'abord dans le genre de Massillon : c'est l'éloquence du cœur, et vous pouvez gagner par-là les femmes qui font la réputation d'un prédicateur.

— Ma foi! prêchez vous-même, si cela vous amuse; pour moi, j'aime mieux me jeter dans la rivière. Mais vous ne profiterez guère de mon absence, monsieur; et si je ne reviens pas vous dire votre fait, me venger de votre trahison!... C'est mal, très mal, monsieur Jacob!

Et comme s'il eût craint d'avoir exprimé trop clairement le fond de sa pensée, il s'enfuit en pleurant, sans avoir égard à mes consolations amicales et sans m'instruire du motif de sa rancune que je n'avais jamais soupçonné. Je réfléchis un instant à ses mystérieux reproches; et quand je songeai à le rejoindre pour en tirer une explication de ses dernières paroles, je le vis de loin dans le char-à-bancs de son père. Nanette, immobile à sa fenêtre, les yeux rouges et les mains jointes, regardait encore après qu'il eut disparu. Elle ne prit pas garde aux œillades que je lui dépêchais, et refermant sa croisée avec bruit, elle ne se montra point de tout le jour, quoique je restasse à la guetter inutilement.

Le soir je l'aperçus qui sortait, un panier à la main, et courait chez une fruitière, sans doute pour chercher la provision de son souper. Je me décidai à l'attendre dans l'allée de sa maison et à lui déclarer mon amour, qui ne me laissait plus de repos. En effet, lorsqu'elle revint avec son panier plein seulement de charbon et passa près de moi sans me reconnaître dans l'obscurité où nous étions, je l'arrêtai doucement par le bras, et approchai tellement mon visage du sien, qu'elle jeta un cri de surprise en voulant se soustraire à ce tête-à-tête.

—Mademoiselle, lui dis-je avec feu, je me hasarde ici à vous intercéder pour quelqu'un qui vous aime plus que vous ne pensez, et qui est bien malheureux!

—C'est vous qui me parlez pour lui! reprit-elle en s'abusant elle-même sur le sens amphibologique de cet aveu; mais sa timidité ne l'a pas empêché de me déclarer des sentimens que je partage : je sais combien il est malheureux, et je blâme son incroyable faiblesse... Je suis plus malheureuse que lui; demain j'aurai cessé de souffrir!

—Est-il possible que vous l'aimiez, ma chère Nanette! m'écriai-je en lui serrant les doigts. Alors son bonheur ne dépend que de vous, et je vous conjure de ne pas le faire languir... Permettez-moi de vous voir, de vous posséder, de vous aimer toujours! je suis maintenant le plus heureux des hommes!

—Monsieur, vous n'êtes donc pas de ses amis? repartit-elle en se dégageant de mes mains. Et moi qui croyais qu'il vous avait tout confié! Quand j'aime bien c'est pour la vie; et il vaut mieux mourir que de renoncer à ce qu'on aime... Adieu, monsieur; vous vous repentirez de m'avoir si mal connue!

Elle s'était échappée avant que je songeasse à la retenir, et elle me gourmandait en ces termes, du haut de l'escalier qu'elle avait monté en courant, tandis que j'étais au bas stupéfait et silencieux à ces étranges malédictions, que je ne comprenais pas, surtout en les rapprochant du début de notre bienveillant entretien. Je me souvins d'un vers de Virgile où Galathée s'enfuit derrière les saules et veut qu'on la poursuive : *Lasciva puella*. Ce fut une tardive inspiration qui me lança sur les traces de la belle fugitive. Mais je ne pus la rejoindre, et j'eus beau l'implorer à travers sa porte, par le trou de la serrure, elle ne daigna pas me répondre, l'impitoyable Nanette. Le silence qui régnait dans sa chambre me donna même à penser qu'elle avait choisi une autre cachette, et je redescendis lentement, non sans faire une pose à chaque marche et lever la tête pour écouter si elle ne me rappellerait pas.

Cette fuite, que la coquetterie n'avait point conseillée, me découragea d'abord en semant des doutes au milieu d'un amour aussi crédule que novice. Cependant on ne détruit pas du premier coup une opinion formée par le temps, et je revins progressivement à croire que j'étais aimé. Les incertitudes même s'effacèrent dans l'ombre des présomptions favorables, et j'interprétai à mon avantage ce qui m'avait semblé le plus contraire à mes espérances. On se trompe si aisément quand on désire! Je n'eus pas de peine à tirer le plus heureux augure de l'entretien qui m'avait tant interdit et affligé : je me persuadai que Nanette s'était dérobée à ma brusque déclaration pour cacher son trouble et reculer sa défaite; je finis par conclure que la sensible brocheuse n'était pas moins impatiente que moi de quelque occasion qui précipitât le dénoûment ordinaire. Je résolus donc de faire naître cette occasion le plus tôt possible : l'imagination d'un jeune homme est si hardie et si extravagante, lorsque l'amour l'aiguillonne et qu'elle court à bride abattue dans les champs vagues du désir!

C'était l'été, et comme la chaleur du jour se conserve la nuit dans les maisons où la fraîcheur de l'air ne pénétre pas, Nanette avait coutume de laisser sa fenêtre entr'ouverte le soir pour respirer une atmosphère moins étouffante. Je m'étais aperçu de cette habitude pernicieuse à la santé en épiant les mystères d'un coucher de jeune fille, trahis par la lumière, qu'elle oubliait quelquefois de souffler au moment de se mettre au lit. Alors mes yeux se couvraient de nuages voluptueux, ma poitrine s'agitait par une fréquente respiration, mes artères battaient, mon front brûlait : j'eusse voulu m'élancer vers elle ; je lui tendais les bras avec d'ardens baisers suspendus à mes lèvres et prêts à s'en détacher, je murmurais son nom en frémissant de plaisir... Mais la vision chérie se plongeait dans les ténèbres, et je la cherchais encore au craquement du lit qui s'affaissait sous le poids du beau corps que j'avais entrevu comme dans un rêve.

J'avais souvent calculé la distance qui séparait nos deux fenêtres, et chaque fois cette distance, que je dévorais en idée, s'était rapprochée à mes yeux; ce jour-là je me familiarisai avec elle à force de la mesurer d'après l'envie que j'avais de la franchir. Ce n'était qu'un espace de quinze pieds à soixante de hauteur; il ne fallait que jeter un pont d'un bord de la rue à l'autre, et, enchanté de cet audacieux projet, qui eût mis à l'épreuve la baguette d'une fée, je m'excitai à le tenter à mes risques et périls, certain d'avance de réussir. Tous mes châteaux en Espagne étaient alors renfermés dans la rue d'Écosse.

Je m'occupai aussitôt des moyens de créer un pont qui présentât assez de solidité pour que je le traversasse sans danger imminent d'entraîner le plancher mobile sous mon poids. J'avais, d'ailleurs, l'œil et le pied sûrs contre les faux pas et le vertige. Dès que la nuit eut fait éteindre les lumières et ronfler les voisins, je descendis à tâtons dans la rue, où j'avais remarqué vis-à-vis l'atelier d'un menuisier une pile de planches apportées depuis la veille. J'avais eu soin de laisser pendre de mon balcon une longue et grosse corde, avec laquelle j'attachai deux planches de chêne, que je hissai ensuite à force de bras par la fenêtre de ma chambre, sans bruit et sans accident. Je triomphais en idée de ma future conquête, quand je me trouvai propriétaire de ces bons madriers que je ne tardai pas à employer. Voici comment : je fixai le plus court et le plus épais au rebord de ma fenêtre, qu'il dépassait de six pieds environ, et sur ce premier échafaudage je poussai ma seconde planche jusqu'à la fenêtre opposée, de sorte que les extrémités avaient à peine à chaque bout un point d'appui. Néanmoins je sautai de joie en admirant ce pont d'une seule arche, jeté avec hardiesse sur la rue et livrant un passage de deux pieds de large sans garde-fou : j'étais trop impatient de faire l'essai de ma construction aérienne pour la contempler long-temps à distance et en découvrir les défauts : hésiter en pareille circonstance eût été reculer. Mais l'amour peut l'impossible, et j'eus foi en l'amour.

Je n'avais envisagé que le terme bienheureux du chemin à parcourir dans l'air, et je m'avançai bravement à cheval sur ce plancher qui ployait et tremblait à chacun de mes mouvemens : lorsque je fus parvenu au milieu du pont, près de s'abîmer avec moi, et que je mesurai au-dessous cette effrayante hauteur perpendiculaire, je sentis un frisson glacial et je fermai les yeux pour ne pas tomber; car le vertige faisait vaciller et tournoyer les objets environnans, tinter mes oreilles et grincer mes dents, figer mon sang et bondir mon cœur. Ce ne fut qu'un instant; je repris courage; et comme il était plus difficile de retourner en arrière que d'avancer, j'avançai en me résignant à tout. Je dus des actions de grâce à mon heureuse étoile quand je touchai le port sans naufrage et que je sortis de cet horrible cauchemar en arrivant au rivage : c'était la fenêtre de Nanette.

Cette fenêtre, que je poussai légèrement, résista; d'où je conclus qu'elle était fermée, et je cherchai aussitôt un expédient pour l'ouvrir sans faire de bruit. Je me promettais pourtant bien de ne pas quitter la place presque emportée d'assaut. J'écoutai si Nanette ne ne s'éveillait pas, et je collai mon visage à la vitre obscure dans l'espoir de distinguer ce qui se passait à l'intérieur. J'aperçus une lueur rougeâtre qui colorait les rideaux blancs du lit, semblables à des spectres, et je m'étonnai de ce grand feu allumé dans l'âtre en plein été. Un profond soupir attira mes regards et mon attention au bas, dans la rue, où se tenait debout un homme en sentinelle. Ce témoin importun, qui semblait arrêté à m'observer, m'invitait à hâter le dénoûment de l'aventure, et je plongeai dans la chambre un coup d'œil plus scrutateur. Alors je vis tout!

Nanette, étendue tout habillée sur son lit, paraissait privée de connaissance; près d'elle un brasier de charbon l'enveloppait d'une atmosphère de fumée empoisonnée : elle allait périr, si elle n'était pas déjà morte asphyxiée! Je ne balançai plus; j'oubliai l'homme qui m'épiait et le fragile soutien où j'étais suspendu; je me lançai de toutes mes forces contre la croisée vermoulue, qui se brisa en éclats ainsi que les vitres, que j'entendis pleuvoir sur le pavé. Mais j'étais dans la chambre de Nanette, et l'air frais, qui l'inondait, modifia sur-le-champ l'influence mortelle de cette fumée enivrante. Je broyai, j'éteignis le charbon brûlant sous mes pieds, et, presque étouffé moi-même, je courus à Nanette évanouie; je l'appelai, je lui frottai les mains dans les miennes, je lui mouillai les tempes avec de l'eau froide. Elle revint à elle :

— Athanase! est-ce toi? dit-elle en étendant les bras comme pour m'embrasser. Je n'ai pas voulu être la maîtresse d'un prêtre; je me suis tuée de douleur, puisque je n'espérais plus devenir ta femme. Athanase, mon ami, pardonne-moi, et souviens-toi de ta pauvre Nanette!

— Diable, pensai-je en moi-même avec un remords, Athanase! ce n'est donc pas moi qu'elle aime? j'apprends un peu tard la vérité : que ne le disait-il? que ne le disait-elle? Je n'aurais pas risqué de me casser le cou; oui, mais elle, je ne l'aurais pas sauvée!

— Athanase? ô mon Dieu! ce n'est pas lui, répliqua-t-elle en retrouvant l'usage de ses sens à mesure que les exhalaisons carboniques se dissipaient à l'air vif de la nuit. Vous ici, M. Jacob? Eh! qui vous a permis de pénétrer chez moi? Vous êtes venu m'empêcher de mourir? Mais vous avez tort : je ne vous aime pas, je n'aime qu'Athanase Gerbier, et je meurs parce qu'on l'a fait prêtre.

— Vous ne mourrez pas, mademoiselle, répondis-je d'autant plus respectueusement que j'avais à cœur de réparer les torts de ma présomption ; je me suis trompé moi-même, je l'avoue, et je vous prie de l'oublier, en faveur du service que je rends à mon voisin Athanase en vous rendant à lui saine et sauve. Quelques minutes plus tard, j'en frémis, vous étiez perdue... Pardonnez-moi d'être entré chez vous par la fenêtre.

— Te pardonner ? cria une voix tonnante qui venait de ma propre chambre ; oui, lorsque je t'aurai puni de ta trahison infâme, lorsque je vous aurai tous deux foulés aux pieds et accablés de mépris !... Où est-il le misérable, que je l'étrangle de mes mains !

A ces mots le plancher du pont bruit et chancela sous les pas d'un homme qui s'élançait debout dans la mansarde et qui, le poing levé, me renversa près du lit sur lequel Nanette était encore couchée faible et presque assoupie comme si elle fut ivre. Cette voix, ces pas et le coup qui me terrassa la tirèrent de cette torpeur, et elle se dressa sur son séant, pâle et hagarde :

— Nanette, lui dit-il en balbutiant de colère, je te retrouve infidèle et coupable, moi qui avais renoncé à mon père, à ma famille, à mon état, pour t'aimer seule au monde ! Le jour même de mon départ, tu me donnes un rival !

C'était Athanase Gerbier, qui, désespéré de quitter Paris et sa maîtresse pour se consacrer à l'église, avait attendu que son père s'arrêtât à la première auberge et s'était enfui malgré la distance de plusieurs lieues ; enfin il revenait à Paris, tout joyeux et tout essoufflé, mais soutenu par l'amour qui le ramenait, quand à son arrivée dans la rue d'Écosse, vers minuit, il avait aperçu une communication établie de ma fenêtre à celle de Nanette, puis sur ce pont mystérieux une ombre vivante qui voyageait avec une prudente lenteur : l'étonnement et la douleur lui ôtèrent la parole, et il demeura spectateur muet de ce qu'il eût voulu empêcher au prix de son sang : il n'en croyait pas ses yeux pour justifier sa chère Nanette; mais aussitôt que j'eus enfoncé la croisée et disparu par la brèche, il ne fut plus maître de lui, il jura mille morts, cria vengeance et chercha le plus prompt moyen de me surprendre en flagrant délit; j'avais omis de fermer la porte de la rue : il monta sans obstacle, pénétra dans mon appartement et passa par la route périlleuse où j'avais passé avec plus de précaution.

— Ah! mon ami, reprit Nanette d'un ton persuasif et l'attirant sur son sein, remercie plutôt du fond de l'âme et paie d'une amitié reconnaissante ce bon M. Jacob qui m'a sauvé la vie : car sans lui tu n'aurais que mon cadavre : j'ai voulu m'asphyxier !

— C'est vous qui la faisiez mourir, ajoutai-je en souriant, et c'est moi qui la fais vivre : cependant elle n'aime et n'aimera que vous !

Nous nous embrassâmes tous les trois en pleurant; on me promit de l'amitié au lieu d'amour, et je servis ces amans avec un zèle si désintéressé que malgré un père irrité, malgré l'évêque et la Sorbonne, malgré la misère et le reste, cette histoire finit, comme les anciens contes de fées, par un mariage et par de nombreux enfans.

Le dimanche suivant, je visitai de nouveau mon ami de la Chaussée-d'Antin, dans l'intention de savoir le résultat de sa lettre de change; il était morne et pensif, la tête dans les mains et les yeux sur une lettre de papier satiné à tranche dorée, avec cachet à emblème.

— Eh bien! est-ce pour un drame que vous broyez du noir? lui dis-je : et votre protégé l'amoureux, n'a-t-il pas compté vainement sur le secours de votre appui auprès de sa cruelle? A-t-on fait honneur à votre signature et acquitté ce singulier billet à vue?

— Oui, reprit-il gravement me montrant la lettre qui avivait sa préoccupation, oui, pour le malheur d'un insensé. Voici la réponse que je reçus le jour même: « J'avais toujours « pensé, mon cher, que vous n'useriez de vo- « tre crédit qu'à votre avantage, et j'eusse fait « face à toutes vos demandes; mais puisqu'il « vous plaît de livrer vos ressources à des amis « qui deviennent les miens dès qu'ils sont les

« vôtres, je veux bien endosser la lettre de
« change que vous avez souscrite : toutefois, à
« l'avenir, ne me mettez pas dans la nécessité
« de vous refuser, trop généreux prodigue : ne
« vous engagez donc plus que pour vous. »

AUGUSTINA.

Lord Moncolm jouit du bénéfice d'un crédit qu'il imagina illimité; mais son esprit, sa fortune et son amour n'étaient pas des gages suffisans pour lui acquérir une hypothèque générale sur sa belle Augustina, fantasque et légère comme une danseuse de l'Opéra. Elle crut donc avoir honorablement satisfait à sa promesse, et la jalousie de cet exigeant créancier ne fit pas qu'elle eût un amant de moins, quoique le loyal Moncolm se contentât de ses sermens de constance. Hier, il était allé à Tivoli s'essayer au tir de pistolet, il tenait l'arme chargée à la main et visait la poupée qui échappait rarement à son adresse merveilleuse : une voix de femme arrêta son doigt qui pressait déjà la détente et vibra dans son cœur; il tourna la tête et reconnut Augustina parée et rieuse, donnant le bras à un officier et s'abandonnant aux charmes d'un familier entretien: il éprouva un tremblement de rage et d'indignation, un instant sombre et indécis : tout à coup il dirigea le pistolet vers Augustina qui poussait des cris d'effroi, puis comme par un remords le retourna vers sa poitrine et tomba percé d'une balle : on l'enterre ce matin.

P. L. JACOB, *bibliophile*.

LES PRESSENTIMENS,

MEDIANOCHE.

—Une, deux, trois, minuit moins un quart, messieurs! à genoux et prions : c'est à cette heure qu'expira ma pauvre Péronne de bien douce et bien douloureuse mémoire. A genoux, ma fille; à genoux, mesdames; prions le Seigneur Dieu, afin que, si elle ne jouit pas déjà de la béatitude, il veuille bien l'admettre en sa gloire!...

Le bon vieillard pleurait à chaudes larmes. Toute l'assemblée s'étant agenouillée, il entonna d'une voix lente et cassée les Sept Psaumes de la pénitence.

Le *De profundis* achevé, il prit un rameau

de buis qui trempait dans de l'eau bénite et en arrosa le lit de parade, en disant :

« Délivrez, Seigneur, l'âme de votre servante, comme vous délivrâtes Job de ses passions.

« Délivrez, Seigneur, l'âme de votre servante, comme vous avez délivré Suzanne de la calomnie.

« Et comme vous délivrâtes sainte Thècle de trois horribles supplices. »

Chacun alors reprit sa place autour de la table et le médianoche interrompu continua.

En se relevant un des convives renversa par mégarde un crucifix d'ivoire qui se brisa :
— Fatal présage !... s'écria le vieillard.

Veuf inconsolable, le comte Josseran, de Beaucaire, chaque année, réunissait sa famille et ses amis en mémoire de son épouse, la nuit même de sa perte, dans la chambre même où elle était morte. Ainsi, ils passaient tous ensemble cette nuit dans de douces conversations, dans des lectures sombres, dans de pieuses oraisons et des chants mélancoliques. Sur le minuit on servait un festin somptueux.

C'était le cinquième anniversaire.

Quoique la société fût assez nombreuse et composée en grande partie de jeunes hommes et de jeunes femmes, tout se passait gravement; il y avait dans tout cela quelque chose de triste et d'imposant qui saisissait le cœur et prédisposait à l'effusion.

La chambre était tendue de draps noirs semés de larmes d'argent; les courtines de l'alcôve, et les rideaux et les baldaquins des fenêtres étaient noirs; le lit sur lequel elle avait expiré était couvert d'une housse de velours noir à passemens d'argent; près du lit, sur une crédence, brûlaient quelques cierges : un pot d'étain était plein d'eau bénite, et le livre d'Heures dont elle s'était servi durant ses derniers ans était ouvert à l'endroit du *Miserere*.

Au-dessus de la cheminée était appendu le portrait de la défunte, dont le cadre était chargé de crêpes et de bouquets de scabieuses et d'immortelles; tout autour, des girandoles garnies de bougies l'illuminaient comme un ex-voto, une Madone.

Tous les conviés étaient vêtus de deuil ainsi que le comte Josseran, dont les cheveux blancs rayonnaient, et qui plein de componction présidait le festin.

Il semblait l'architriclin d'un repas funèbre.

Cette chambre n'était jamais occupée, on y venait seulement pour célébrer cet anniversaire, sauf le comte Josseran qui, l'été, quand il habitait cette bastide, située à Bourbon, sur la montagne, aux environs de Beaucaire, venait fréquemment y faire ses méditations et y passer des jours entiers en prière et en contemplation.

A la droite du comte était assise sa fille, son unique enfant : elle paraissait âgée au plus de vingt ans. Ses traits étaient beaux ; et son teint olivâtre était réchampi par une chevelure noire et épaisse qui ruisselait sur ses joues et son col à la manière ravissante de Ninon. Son œil était vif ; sa parole et son erre brusques et franches, peut-être même un peu cavalières.

Elle avait nom Benoite, mais on l'avait anagrammatisé pour en former celui plus sonore de Ténobie.

Le médianoche terminé, tous se remirent

à genoux pour dire leurs grâces, et le comte récita les Litanies de la bonne mort.

— Entendez-vous, mes enfans, gronder le tonnerre et les bœufs meugler dans l'étable, entendez-vous les hurlemens des chiens?... Ce sont d'effrayans présages!... Veillons bien sur nous, il se prépare quelque affreux événement.

Nous sommes, aujourd'hui, jeudi, n'est-ce pas? Mais, voyons si nous ne nous trouvons pas en nombre fatal... Béni soit Dieu! nous sommes quinze.

Ne riez pas, ma fille Ténobie !

J'ai de noirs pressentimens, et les pressentimens ne trompent jamais; c'est la voix de Dieu.

Un grand malheur nous menace, croyez-moi.

Ce matin en sonnant le glas mortuaire pour le service commémoratif, la cloche s'est fêlée; ce christ a été jeté à terre et s'est brisé ; j'ai remarqué, pendant le repas, que le sel a été renversé et que plusieurs fois des couteaux se sont trouvés en croix; à ces signes certains, qui ne reconnaîtrait un avertissement du ciel?... Ah! ma poitrine est oppressée d'un poids énorme... Seigneur, détournez votre colère de dessus nos têtes, Seigneur, nous sommes pénitens !...

Ne riez pas, vous dis-je, Ténobie; votre rire irreligieux, incrédule, irritera Dieu ! votre impiété n'est déjà que trop manifeste !...

Autant le comte Josseran était superstitieux, dévot et mystique, autant Ténobie sa fille était Voltairienne. Elle n'allait à l'église qu'entraînée de force par sa gouvernante ; et, plusieurs fois, son père l'avait surprise lisant, pendant l'office divin au lieu d'heures et de prières, Manon Lescaut, Jacques le Fataliste ou les Ruines.

Horrible sacrilége !...

— Entendez-vous, mes enfans, ces sifflemens lointains ?

— Ce n'est rien, mon père, que le maëstral.

— Ténobie, pas de blasphème !

Tenez, tenez, écoutez : il me semble ouïr grincer sous des griffes les vitres de la fenêtre ; c'est quelque démon qui attend et cherche sa proie.

— Ce n'est rien, mon père, ce n'est sans

doute qu'un oiseau de nuit ou quelque chauve-souris chassée contre les croisées par l'orage.

— Je vous ai dit de vous taire, effrontée !...

— Comte Josseran, dit alors un des convives pour calmer son emportement, sur mon âme ! comme vous j'ajoute foi aux avertissemens célestes; si, toujours, on suivait ses admonitions intimes, ses secrètes impulsions, on ferait souvent beaucoup plus sagement, on s'éviterait bien des tribulations, on prévaudrait sur bien des ennemis. D'ailleurs s'il en était autrement, si Dieu ne prenait soin de nous avertir des dangers, des périls, s'il ne prenait soin de nous diriger et de nous impulsionner, s'il ne nous avait commis à la garde de ses anges, Dieu serait inique, et Dieu ne peut l'être; car, frapper un homme sans lui crier : En garde ! est une trahison ; car, jeter un voyageur dans une route sombre, scabreuse, ambiguë, hérissée de piéges, sans guide ni flambeau, est une trahison...

Voyez, mademoiselle, si vous voulez accuser Dieu de noirceur?...

Tenez, pour ne choisir que des exemples simples et fréquens, n'avez-vous pas souvent pressenti la venue d'un visiteur? N'avez-vous pas quelquefois songé au retour d'un absent, et sur l'heure même cet absent n'a-t-il pas heurté à votre porte?... Que de fois on a vu des malades prévoir leur fin et l'ajourner, et périr juste le jour qu'ils avaient prophétisé !

— La nuit où ma Péronne mourut et dont nous chômons l'anniversaire, j'occupais dans un autre corps de logis une chambre tout-à-fait éloignée de son appartement; vers onze heures et demie, un instant avant son dernier soupir, je fus agité subitement, mon cœur palpitait comme une pendule, une sueur froide tombait de mon front, et j'avais dans les yeux des auréoles de feu; j'entendis un frôlement dans les courtines de mon alcôve, des pas légers qui trottaient sur le parquet, des gémissemens sourds dans l'air ; puis tout à coup une voix de femme qui implore, semblant celle de Péronne, descendit de la cheminée; des pieds invisibles marchaient lourdement sur mon lit et ma poitrine ; plusieurs fois de suite ma bougie s'éteignit et se ralluma d'elle-même.

Effrayé, je me sauve appelant au secours, et poussé par une puissance inconnue j'entraîne les domestiques avec moi dans l'appartement de Péronne. A l'instant où nous entrâmes dans sa chambre elle jeta le dernier râlement, frappée d'une hémorragie. Sans doute, elle avait fait de grands efforts et lutté long-tems avec la mort implacable, car ses jambes étaient entortillées dans les draps, et sa tête, en bas, brisée sur le carreau.

Souvent Dieu se complaît à annoncer de sombres événemens, de grandes calamités, d'énormes crimes, par d'affreux désordres dans la nature; souvent le cours des astres est interverti; souvent il apparaît des météores; souvent il est tombé des pluies de pierres et de sang, et des voix terribles sont parties des nuées.

Vous le savez, à la mort du Christ le soleil s'obscurcit, les morts soulevèrent la pierre de leurs tombes et marchèrent, le voile du Temple se déchira, et la terre et les cieux ébranlés se fendirent.

Mes oreilles tintent; il me semble que sous moi la maison pivote. Je vous dis qu'il se prépare quelque chose d'affreux !... Prions. Entendez-vous au loin un bruit sourd et métallique ?

— Mon père, à coup sûr, ce n'est qu'un chariot chargé de lingots de fer qui descend la colline.

— Taisez-vous, impie ; craignez-vous pas d'appesantir sur vous le courroux de Dieu ? Prenez garde, la mort de l'impie est atroce !

Hélas ! je crains d'avoir avant peu quelqu'un à rayer de mon registre.

— Pour certain, mon père, ce ne sera pas moi ; je ne suis pas de vos pénitentes.

— Ce n'est pas que je souhaite votre fin ; mais vous en êtes, ma fille.

— Vous m'avez inscrite de force ; je n'y suis pas de cœur ; je vous demande en grâce de m'en biffer !

— Plaise au ciel que cela soit le plus tard possible !...

— Que m'importe votre confrérie funèbre ; les morts sont bien morts : *requiescant in pace !* Qu'ai-je besoin de m'intriguer de ma fin dernière ? laissez-moi vivre d'abord, plus tard nous verrons...

Tout ceci avait trait à la charge ou fonction du comte Josseran : il était secrétaire de la Société de la bonne mort, de la Société *Memento, mortale, bene mori*, espèce de confrérie assez répandue dans les villes cagotes du midi. A sa mort, chaque membre associé est rayé du registre par le secrétaire, ce qui ne l'empêche pourtant pas d'avoir droit à certaine dose de messes de *requiem*.

— Je vous maudirais, Ténobie, ma fille, si ce n'était votre jeunesse; mais vous changerez, ma belle philosophe. Comme vous, à votre âge, j'étais rieur, douteur, incrédule; mais vienne le temps, vous changerez. Vous êtes sans savoir, sans expérience.

La première chose qui m'a donné à réfléchir mûrement, qui m'a manifesté Dieu et toute sa puissance, écoutez, la voici; qui n'y reconnaîtrait la main du Très-Haut? Ce n'est point d'un miracle obscur, ce n'est point de prodiges occultes dont je vais vous parler; tout s'est joué à la face de la France, de la France régicide. Écoutez :

Troisième fils du dauphin fils de Louis XV et de Marie-Josèphe de Saxe, le duc de

Berry, Louis XVI, naquit à Versailles, le 23 août 1754.

La paix la plus profonde régnait alors en Europe. Comme on aurait pu augurer de là qu'il aurait une carrière heureuse et pacifique, pour avertir le monde de sa sombre destinée, Dieu accumula présages sur présages, qui affectèrent les imaginations les moins ombrageuses.

Quand la dauphine accoucha elle était dans un complet isoleme   t dans l'abandon le plus morne : le roi et toute sa cour se trouvaient à Choisy.

Le même jour, le courrier, dépêché pour aller informer le roi de cette naissance et l'annoncer à Paris, au lieu des récompenses assurées aux porteurs de ces sortes de nouvelles, trouva une mort épouvantable : il fut broyé sous les pieds de son cheval. Dès-lors, le peuple, doué d'une instinctive perspicacité, conçut l'idée que le nouveau prince ne naissait pour le bonheur. — Dites, que vous en semble de ce pressentiment?...

Certes on doit faire grands cas de ces pronostics : le ciel souvent paraît prendre plaisir à frapper les sens par des signes pour tenir les esprits attentifs. L'éclair ne précède-t-il pas toujours la foudre? Jamais surtout ces événemens insolites et ces catastrophes décisives, qui aboutissent au déchirement des empires et aux grandes révolutions, n'éclatent impromptu et sans avoir été précédés de quelques traits, précurseurs officieux de la divine Providence. *Dedisti significationem ut fugiant a facie arcûs.*

En outre de ces remarques populaires, on aurait pu en faire d'autres d'un ordre plus élevé, mais non moins significatives et non moins effroyables pour les cœurs religieux.

Vous voyez les présages malheureux qui ombragent le berceau du duc de Berry, Louis XVI; des présages plus sinistres encore se déclareront à son mariage, rappelleront les premiers et les confirmeront. Les signes vont devenir des réalités; une force invincible va nous entraîner dans l'abîme des malheurs présagés.

Le 16 avril 1770, l'archiduchesse épousait par procuration le dauphin. Tout paraissait riant, tout avait promis le bonheur à celle qui épousait un prince recommandable, vertueux, espoir prochain d'une brillante couronne. Cependant, au moment du départ, la jeune princesse sent son âme agitée d'idées tristes et désolantes; elle pleure, elle fond en larmes, et, sans savoir pourquoi, ne voudrait plus partir. — Quoi ! pour la France ! s'écrie-t-elle. Est-ce là un pressentiment? Répondez..... On rit de ses tardives réflexions. Elle les réitère, et part en larmoyant. Arrivée à Lintz, elle laisse éclater sa douleur, et fait une scène à la poste, conjurant les gens qui l'accompagnent de la reconduire à Vienne. Le même sentiment la tourmente et la suit jusqu'à Augsbourg. Là se trouve un résident de la cour impériale; elle emploie prières, larmes, pour le persuader de la renvoyer; et le refrain de toutes ses instances est : — Partout où l'on voudra, mais pas pour la France !... Est-ce là un pressentiment? est-ce là la voix de Dieu?...

A quoi attribuer cette aversion si décidée de la princesse pour une terre où l'appelait un trône, mais aussi où l'attendait un échafaud, si ce n'est à l'inspiration officieuse de ces admoniteurs invisibles, chargés par le ciel de veiller sur les pas des hommes. *Angelis suis mandavit de te, ut custodiant te in omnibus viis tuis.* Comme un ossifrague, elle battait de l'aile à l'aspect d'une lointaine tempête. Comme un cheval, elle se cabrait à l'odeur du sang. Comme une génisse, elle mugissait aux abords de l'abattoir.

Les fêtes de la cour, à l'occasion du mariage de l'héritier du trône, furent splendides ; et celles de la ville les surpassèrent encore.

Le dimanche 30 mai 1770, après des distributions de vin et de comestibles, faites au *petit peuple*, dans les différens quartiers de la ville, à neuf heures du soir, par le temps le plus serein, tandis que de magnifiques illuminations font spectacles devant le palais, le signal donné par une salve d'artillerie avertit qu'on touche au plus beau moment de la fête.... Écoutez !.. On tire un feu d'artifice sur la place Louis XV ; il réussit à merveille; l'effet tout entier en est répété par le courant de la Seine, et tout frappe la vue d'un spectacle enchanteur. Mais là finit le charme des yeux, et voici qu'une scène inverse leur demande des larmes, présage de plus amères encore.

Ecoutez!... Dans le moment où la foule innombrable qui encombrait la place s'ébranlait toute entière, après le feu, pour se porter sur le boulevard par la rue appelée Royale, une autre foule, accourant des faubourgs, se précipitait du boulevard dans la même rue, pour contempler à son tour les décorations de la fête. On se rencontre, on se heurte, on s'obstine de part et d'autre à vaincre la résistance. La rue Royale, nouvellement percée, n'était point pavée dans toute sa largeur; elle était pleine de trous et d'ornières, qui font trébucher et tomber quelques personnes, qui, ne pouvant se relever, occasionnent la chute d'un grand nombre d'autres s'amoncelant à la suite. On entend les cris lamentables de ceux qu'on foule aux pieds. La frayeur glace les cœurs; la confusion augmente; des écervelés essaient de se faire jour l'épée à la main : le sang ruisselle. Les filous, à l'aise dans la presse, enlèvent les montres, les bourses, arrachent les pendans d'oreilles, ce qui met le comble au tumulte et à l'effroi. L'engorgement est général; on n'entend plus que les hurlemens d'une multitude désespérée qui s'étouffe elle-même. Les fossés de la rue des Champs-Élysées sont remblayés de cadavres ; les pieds ne broient plus que de la chair sur le pavé. Beaucoup, jouets de la tourmente, perdent terre. Quelques-uns parviennent, en marchant sur les têtes, à se jeter derrière une palissade qui borde la rue. D'autres courent se réfugier aux voitures, entrent dedans, se guindent dessus, se glissent dessous, montent sur les chevaux ; plusieurs carosses sont fracassés, des chevaux sont étouffés, ceux du comte d'Argental et du maréchal Biron, qui manque lui-même de perdre la vie. Du côté opposé à celui où était le plus grand désordre, une foule, éperdue et emportée par la peur, courait se jeter dans la Seine. Il y eut un nombre infini de blessés, et l'on a porté jusqu'à douze cents le nombre des personnes écrasées, vieillards, hommes, femmes, enfans.

C'est dans cet horrible événement, mes chers enfans, que je perdis mon frère, écuyer cavalcadour du roi. Il était nouvellement marié à la jeune et belle baronne de Montaigu. Ce jour là elle se trouvait indisposée. Entêté et volontaire, mon frère la contraignit à se lever et à venir à la fête. Elle eut beau employer les supplications et les larmes, tout fut vain... Est-ce là encore un pressentiment ? Englobé dans la foule, il se trouve entraîné, et ne peut garantir sa jeune épouse des chocs et des heurts. Malade, elle est prête à défaillir : elle étouffe. Alors il lui fait signe de sauter sur son dos, se courbe et se baisse pour qu'elle puisse s'agripper à ses épaules. Fier et fort sous son fardeau, il parvient, après une lutte accablante, à s'arracher de la tourbe qui se rue sur les monceaux de corps, et arrive sur le quai, épuisé, dans les transes d'une joie sombre, et dépose son fardeau contre une muraille. Horreur ! Que voit-il ?... C'est une vieille, hideuse, qui ricane avec un accent italien, de sa consternation. Il appelle Montaigu : sa voix se perd dans les râles. Désespéré, il se brise la tête sur le mur, et tombe froid sur le pavé. Au moment où il s'était baissé pour charger sur ses épaules sa Montaigu, la vieille, par derrière, l'avait étranglée et renversée sous les pas de la foule, et s'était en place ‵ée sur ses reins.

Un bon chanoine d'Arras attribue toutes ces

catastrophes, si préjudiciables pour le prince, aux francs-maçons, qui dès ce temps travaillaient, comme ils disaient, à la ruine des Assyriens. Cette opinion me paraît assez vraisemblable.

Le peuple accouru au plaisir trouva la mort. Le prince qu'on fêtait en ce jour la trouvera aussi, vingt-trois ans plus tard, sur cette place couverte de guirlandes et d'emblêmes d'amour; un échafaud s'y dressera, et la tête sanglante de ce roi y roulera.

Était-ce là de menteurs pronostics?... Mais ce n'est pas tout; écoutez!

Les imaginations étaient encore en proie aux terreurs de la veille, lorsque la nuit suivante un ouragan effroyable vint fondre sur Paris. La Seine, comme une mer, est en furie; les bateaux se brisent contre les quais; les arbres se déracinent; les tuiles volent; les cheminées sont renversées; les rues sont jonchées de décombres. On avait laissé subsister les décorations de la fête, dont la plus apparente figurait une monstrueuse construction; elle avait cent trente pieds de hauteur : c'était un temple du dieu Hymen. La France, soi-disant chrétienne, barbotait encore dans le classique paganisme, et sans honte faisait présider aux fêtes nuptiales de l'héritier de Louis IX le fils débauché du dieu de la débauche et de la déesse adultère. L'ouragan, qui n'avait fait qu'ébranler les autres édifices de la ville, écrasa le temple d'Hymen : l'autel et l'idole roulèrent dans la bourbe. A la vue de ces décombres irréligieux qui couvraient le sol encore sanglant des victimes de la veille, qui aurait pu se défendre d'un frisson et d'un sentiment pénible en songeant à tout ce que semblaient menacer tant de signes réprobateurs.

Ce même jour-là Louis XVI reçut une lettre de l'impératrice Marie-Thérèse, à l'occasion de son mariage, où elle lui parlait (sans doute Dieu l'inspirait!) de sceptre brisé, de trône renversé. Cette lettre fut publiée, et vint accroître encore la stupeur et fortifier les sinistres présages.

Ce n'est pas tout. Écoutez!

Des fléaux, des calamités de tout genre se succédèrent rapidement et firent de l'année des épousailles de Louis XVI une année de désolation, une année mémorable parmi les désastreuses. La disette tue les provinces, des banqueroutes fameuses ébranlent le commerce, d'horribles tempêtes soulèvent les mers dans nos parages, la terre tremble et des villes entières sont renversées à Saint-Domingue. Le turbulent parlement est anéanti par le patient Louis XV. L'héritier du trône de France a une entrevue avec l'héritier du trône de Suède; ils se lient d'amitié, destinés l'un et l'autre à la suite de révolutions inverses à périr de mort violente, en haine des mêmes principes et par le fer des mêmes conspirateurs, Gustave III sous le poignard d'Anckarstroëm, associé des clubs révolutionnaires, et Louis XVI sous le coutelas de la guillotine.

Eh bien! sont-ce là des présages; pouvez-vous nier de pareils signes, sont-ce des pronostics menteurs?... Répondez, Ténobie!... répondez, messieurs!... Dieu fit-il jamais plus pour la terre? Mais les hommes sont sourds et aveugles; ils rejettent ou passent outre sur les avertissemens célestes, et s'enfoncent à cœur-joie dans l'abîme. Songez à tout cela, Ténobie : cela seul m'a fait religieux, de libertin et mécréant que j'étais.

L'assemblée avait écouté le récit du comte Josseran dans le plus profond silence ; les mines étaient devenues soucieuses et rembrunies : c'était une morne consternation. Cependant quelques fractions de l'auditoire dormaient bercées par la narration lente et rabâcheuse du vieillard.

Alors Ténobie se mit au piano, et, pour arracher à la stupeur tout ce pauvre monde, se prit à préluder bruyamment et à exécuter la célèbre symphonie du divin Beethoven : la marche funèbre. Les physionomies s'éveillèrent subitement, mais ne firent qu'échanger leur expression.

O Beethoven ! Beethoven ! qui ne se sentirait ému à cette musique si mystique, si grave, si mélancolique, si majestueuse, si mortuaire !...

Ne vous semble-t-il pas entendre au loin un cortége de moines s'avançant processionnellement et faisant retentir du timbre sonore de leurs voix sépulcrales, de leurs hymnes de mort, les voûtes *échoantes* d'une cathédrale? Ne vous semble-t-il pas entendre vers l'abside un acousmate mélodieux, ou gronder dans les cryptes une prose foudroyante? Les gémissemens des affligés, la bêche des fossoyeurs et la terre qui retombe?...

Toute la société fut ébranlée et remuée jusqu'aux transports, jusqu'à la frénésie; tous avaient les yeux trempés de larmes; cependant, Ténobie, froide et philosophe, avait touché sans feu et sans onction, comme elle eût fait d'un quadrille, cette symphonie infernale.

— C'est inconcevable, dit alors un des jeunes conviés, Marcelin neveu du comte Josseran, comme la musique funèbre, les chants mélancoliques, les récits tristes et sombres peu à peu vous infiltrent la peur, ou plutôt une espèce d'inquiétude vague, de crainte surnaturelle, de superstition. Je vous avoue franchement qu'à cette heure, je suis tout frissonnant.

— Cela est bien vrai, s'écria Olympe cousine de Ténobie, je suis aussi toute disposée à craindre; tout ce qui s'est dit cette nuit me repasse dans la tête et me donne de l'effroi.

— Tu es bien bonne, Olympe, de prendre de l'effroi pour si peu, dit alors Ténobie d'un air effronté.

— Eh bien, oui! ma cousine, quand j'ai lu quelque chose de noir ou de fantastique, cela me donne comme une fièvre; dans le moindre bruit, je crois entendre une voix mystérieuse; le gémissement d'une girouette, le vent qui s'engouffre dans une cheminée, un volet, une porte que fait craquer l'orage, le bruit de la pluie, tout me remplit de terreur. Tiens, maintenant, je ne resterais pas seule ici pour tout l'or du monde.

— Ah! ah! ma cousine, que tu es amusante!

— A mon tour, je donne raison à Olympe, reprit alors Marcelin, souvent j'ai éprouvé cela en grande partie. Je crois, Ténobie, que vous voulez faire la femme forte, suivant votre usage? parlez franchement.

— C'est cela : parce que je ne veux pas être peureuse comme une petite niaise, je veux faire la femme forte!

— Oui! oui! vous voulez faire l'esprit fort!

— Mes enfans, dit le vieux comte Josseran, je ne crois pas Ténobie peureuse.

— C'est très bien à vous, mon oncle, de la soutenir; mais, quant à moi, je n'irais pas seulement dans la pièce voisine sans flambeau.

— Moi, s'écria Ténobie, j'irai partout où l'on voudra, seule et sans lumière, et l'on verra bien si je fais l'esprit fort.

— Prise au mot!

— Tant mieux; ordonnez, où voulez-vous que j'aille?

— Parions que vous n'irez pas jusqu'au chemin?

— Belle prouesse!

— Mieux que cela, messieurs, je gage que Ténobie n'ira pas jusqu'au cimetière, là, en face, contre l'église?

— Je gage que j'y vais.

— Non, non, ma fille, n'y vas pas; si par hasard la peur te gagnait, il pourrait t'arriver malheur. Et puis, c'est un lieu saint, un cimetière; on ne doit y aller que dans le recueillement.

— Ne craignez rien, mon père, les morts sont bien morts, je ne troublerai pas leur repos.

— Alors, fais comme il te plaira; je m'en lave les mains devant Dieu.

— Mais comment saurions-nous, Ténobie, si vous ne nous trompez pas ?

— Comment ?... Je cueillerai sur une tombe de l'herbe et du cyprès que je rapporterai.

— C'est cela, bravo, bravo!

Ténobie se leva courageusement, ouvrit et referma les portes sur elle; on fit un profond silence, et l'on entendit le bruit de ses pas dans l'escalier; le guichet de l'allée s'ouvrit : on entendit encore ses pas sur le gravier du chemin ; puis le bruit s'éteignit tout-à-fait.

— Vous le voyez, mes enfans, je vous disais vrai, jamais rien n'a pu l'épouvanter. Quand ma pauvre Péronne mourut, c'est elle qui la veilla seule toute la nuit, qui lui coupa les cheveux et l'ensevelit.

Tout à coup, on entendit le guichet se refermer, des pas et des éclats de rire dans l'escalier et les pièces voisines; on ouvrit la porte : c'était Ténobie qui revenait riant comme une folle, et traînant après elle comme un long suaire blanc.

— Ah! ah! ah! messieurs, vous avez voulu

me faire peur, vous en êtes pour vos frais, Ténobie ne s'effraie pas pour si peu. Je la trouve bien mauvaise, faites mieux une autre fois.

— Quoi donc ? Ténobie, que voulez-vous dire ?

— Oui ! oui ! c'est cela, complétez la fine plaisanterie ; tenez donc mieux votre sérieux, vous vous trahissez.

— Mais quoi donc ? quoi donc ? de grâce !

— Vous jouez parfaitement vos rôles !... Voici une poignée d'herbes que j'ai cueillie sur la tombe de l'ancien curé, et une branche de cyprès que j'ai prise sur le tombeau de ma mère. En outre, messieurs, voici le drap que vous m'avez jeté sur la tête en me donnant un violent soufflet, ce qui n'est pas galant, à l'instant où je m'agenouillais pour cueillir ces plantes.

— Mais, mademoiselle, du tout : comment ? que traînez-vous donc ? un linceul !

— Allons, messieurs, allons ! gravement, n'est-ce pas vous qui, au cimetière, m'avez jeté ce drap sur la tête ?

— Non, Ténobie, ce n'est pas nous.

22.

— Vous ne m'avez pas suivie ?

— Non, bien vrai !

— Comme j'étais baissée pour ramasser ces herbes, je n'ai pu rien voir. Mais je suis sûre que vous dites cela pour m'effrayer. Eh bien ! non, je n'ai pas peur !...

Ténobie prononça ces derniers mots, tremblante, et la voix oppressée.

— Est-il vrai, mon père, que personne n'a bougé d'ici ?

— Personne, ma fille.

A cette affirmation, tout à coup, Ténobie blémit et frissonna visiblement de tout son corps, et balbutia quelques syllabes : ils se regardaient les uns les autres, semblant s'interroger avec un regard d'étonnement, et les plus rassurés grelottaient.

— Vous auriez dû, au moins, messieurs, me souffleter la main ouverte, et ne pas m'entrer vos ongles dans la peau.

Elle avait comme des traces de griffes sur la joue.

— Sur Dieu, mademoiselle, nous attestons que nul de nous n'est sorti d'ici.

— Rien n'est plus facile que de l'en convaincre, mes enfans, regardez la marque ; on verra bien si ce drap appartient à la maison.

Alors, le comte Josseran s'empara de cette toile : tous, dans la plus grande anxiété, l'œil fixé, se penchaient pour voir le chiffre révélateur.

— C'est une S! s'écria le comte éperdu, une S, la marque de Satan!...

A ces mots, Ténobie, l'esprit fort, la philosophe, tomba foudroyée.

Aussitôt elle fut atteinte d'une attaque épileptique. On la transporta dans son lit, d'où elle ne sortit que pour retourner au cimetière. Elle languit, un mois au plus, minée par une fièvre chaude, qui lui laissait peu d'instans de lucidité ; elle était continuellement accablée par des cauchemars affreux qui lui faisaient jeter des hurlemens ; elle paraissait possédée du démon, aussi, le comte Josseran la fit-il exorciser plusieurs fois, mais en vain. Rien ne put lui rendre le repos et le calme; on eut beau lui dire les choses les plus rassurantes, lui attester que dans ce fait il n'y avait rien de surnaturel ; que les fils du notaire, dont les fenêtres donnaient sur le cimetière, fumant leur cigare et contemplant l'orage, l'ayant aperçue et reconnue, pour l'épouvanter, lui avaient fait cette atroce plaisanterie. Sa démence ne lui permit pas de le comprendre, et le comte Josseran lui-même est encore convaincu que c'est Belzébuth en personne qui avait ainsi maltraité sa fille, Dieu voulant la châtier de son athéisme.

PÉTRUS BOREL.

PHYSIOLOGIE
D'UN APPARTEMENT.

===

>Le style est tout l'homme.
>BUFFON.

— Ainsi donc, madame la comtesse, dit M. Dossigny en comptant les pulsations délicates du pouls de la jeune femme, ainsi vous éprouvez du malaise, des insomnies; le moindre bruit agace cruellement vos nerfs, une lumière trop vive blesse votre vue, la solitude vous attriste et vous charme; et c'est à peine si vos jours de Bouffons ou d'Opéra ont le pouvoir de vous distraire...?

— Hélas oui, docteur... tout cela n'est que trop vrai!...

—Jusqu'à présent les effets me sont clairement démontrés ; il nous reste à chercher les causes.

Ici la comte se rougit singulièrement sous la vue perçante du docteur.... qui n'était pas un docteur.

C'est-à-dire... c'était bien un docteur si vous voulez, mais un docteur, sauf la science de l'art médical, un docteur tel qu'il en faudrait pour guérir ou calmer les maladies purement morales d'une classe de gens pour qui le hideux cortége des rhumes, des fluxions de poitrine n'est qu'un préjugé ou une tradition, le confortable et l'espèce de leur existence les protégeant contre de pareilles misères.

Mais si *ces heureux du siècle* comme on les appelle sont à l'abri de ces brutales et grossières souffrances... par compensation que de maux plus cruels, plus poignans, plus amers viennent les torturer!... maux d'autant plus affreux qu'ils ne peuvent trouver de soulagement que dans des soins tout intellectuels... Douleurs de l'âme, que l'âme seule peut guérir.

Or, le docteur était justement l'homme des maladies du cœur ou de l'esprit, car il savait tout, excepté la médecine... et s'il avait malheureusement su la médecine, il eût, le misérable, peut-être répondu à l'un de ces élans désespérés de notre intelligence vers un infini qui nous échappe... par un sinapisme ou une potion calmante !

Non, non, le docteur était un homme d'une portée supérieure.... Selon l'âge, le caractère, le génie de son malade, il ordonnait tantôt une méditation de Lamartine, sublime et harmonieuse mélodie qui vous entraîne vers Jehovah, sur l'aile dorée des séraphins, tantôt un chant de Byron, railleur et décevant.

Un chagrin connu vous navrait-il...? une touchante et naïve consolation de Sainte-Beuve, douce comme la voix d'un ami d'enfance, faisait couler ces pleurs qui vous oppressaient, ces pleurs qu'il est si bon de pleurer...

Ou bien c'était tantôt l'éclat d'une ode de Victor Hugo, éblouissante des feux et des couleurs de l'Orient... tantôt la ciselure délicate et coquette, la pensée profonde d'un poëme de De Vigny ou d'Émile Deschamps qu'il opposait à un terne et sombre découragement.

Le système nerveux était-il irrité par la conscience de notre corruption?... aussitôt le docteur conseillait bravement une strophe sanglante de Barbier, et votre douloureuse indignation s'exhalait en répétant ces vers mordans, gonflés du fiel de Juvénal.

Enfin, si tous les trésors des poëtes et des moralistes ne suffisaient pas... à l'imitation des empiriques fameux le docteur composait lui-même un Arcane... comme il le fit peut-être pour cette jolie comtesse dont il pressait le pouls entre ses deux doigts.

— La cause seule du malaise qui vous oppresse, nous reste donc à chercher, madame la comtesse; et cette cause... ne m'est pas inconnue, reprit le docteur.

— Voilà qui est fort, et qui approche de la magie! dit la comtesse en souriant...

— Bon Dieu! madame, j'ai deviné bien d'autres secrets, j'ai pénétré le caractère de bien des gens... sans les voir même...

— Cher docteur, il est fort heureux que vous ne soyez pas né au moyen âge... Vous eussiez été brûlé comme sorcier... d'abord, et puis je n'aurais pas eu le plaisir d'entendre vos folies...

— Des folies !... madame... des folies !... veuillez écouter, et vous verrez si ce sont là des folies :

Il y a environ deux mois de cela, raconta le docteur, un de mes amis me pria d'aller voir un de ses parents qui, disait-il, avait le plus grand besoin de mes conseils. Je me rendis donc un jour chez ce nouveau malade, il était sorti, mais m'avait fait prier de l'attendre.

J'ai une habitude qui vous paraîtra bizarre, madame, et qui peut-être vous expliquera le secret de ma folie ou de ma magie; cette habitude est de juger l'homme, non pas comme Buffon sur le style, mais sur l'*appartement*, qui, à mon avis, reflète d'une façon bien plus intime et plus probante le caractère, les goûts, je dirai presque les mœurs de l'individu... En un mot à l'ensemble de l'appartement, je suis sûr de deviner la manière d'être physique et morale de son possesseur.

— Voilà qui est fort singulier ! dit la comtesse en s'asseyant au lieu de rester couchée sur sa causeuse, en vérité fort singulier, et surtout fort amusant... Je vous écoute, docteur.

— Le valet de chambre du parent de mon ami me reçut, et m'offrit d'attendre son maître dans un petit parloir où je restai seul : il faut l'avouer, madame, ma science d'observation se trouva tout à coup en défaut. Dans ce parloir tout était négatif : une tenture ni gaie ni triste, pas un tableau, des carreaux dépolis qui cachaient la vue, des meubles d'une coupe commune et insignifiante... En un mot rien de particulier, rien d'intime.

Comme mon malade n'arrivait pas et que, n'ayant rien à observer, je m'ennuyais fort, je poussai une porte et j'aperçus avec bonheur une mine féconde en inductions : c'était la salle à manger.

Je refermai silencieusement la porte du parloir, et me plaçai au centre de cette pièce pour l'embrasser dans tous ses détails et dans son ensemble.

Je dois avouer, madame, que l'ensemble me parut imposant! Cette salle à manger de forme circulaire était revêtue de stuc blanc, rehaussé de peintures, vives et tranchées, comme celles qui se déroulent sur quelques vases étrusques; entre chaque fenêtre un bois de cerf naturel, chargé d'armes de chasse, de pieds de sangliers et de daims, de trompes, de gibecières, donnait à cette pièce un cachet spécial tout-à-fait en harmonie avec sa destination.

Mais ce qui faisait presqu'un musée de cette salle, c'était une suite d'admirables tableaux de Stil et de Leguis qui représentaient : ici un chevreuil fauve et doré pendu mort à un arbre ; là un sanglier forcé par la meute, et faisant tête aux chiens, hérissé, les yeux sanglants, la bouche baveuse; plus loin c'était un groupe de faisans dont les plumes d'or, de pourpre et d'azur étincelaient aux rayons d'un soleil couchant. Puis au-dessous de ces tableaux d'assez grande dimension, de ravissantes toiles de Géricault, Horace et Carle Vernet, Pforr et Will, offraient les types des plus belles races de chevaux d'Europe et d'Asie.

Enfin, au milieu d'un cadre d'or merveilleusement sculpté, on voyait le portrait d'un superbe cheval de chasse bai brun, la tête demi tournée, les oreilles fixes, l'œil saillant, la croupe haute... paraissant doué d'une intelligence plus qu'humaine, et au bas de ce tableau vivant on lisait ces mots écrits en émail bleu, sur un fond noir : *A Talbot l'incomparable, son maître reconnaissant.* J'oubliais aussi les *portraits* d'une honnête quantité de boule-dogues, chiens courans, d'arrêt, épagneuls ou lévriers, qui, remplissant un grand cadre à compartimens, attestaient aussi du goût prononcé du maître pour la race canine.

Je ne vous parle pas d'un magnifique buffet surmonté d'une armoire de Rosewood à vitrage, et curieusement incrustée d'ornemens allégoriques en cuivre et en ivoire, à l'instar de ces meubles si précieux du moyen âge ; cette armoire était remplie d'une admirable vaisselle plate. Seulement ce qui complétait parfaitement le caractère de cette salle à manger, c'était une petite bibliothèque d'ébène à fermoirs d'argent, qui contenait les œuvres succulentes de Brillat-Savarin, Berchoux, Grimod de la Reynière, Fouret, Carême, et quelques autres livres ou curieux manuscrits anciens sur l'art culinaire, tout cela relié avec un goût exquis, et chargés de notes de la main de mon futur malade... que nous nommerons si vous voulez l'*Inconnu*, jusqu'à ce que son véritable caractère nous soit révélé par l'étude physiologique de son appartement.

Or, je vous avoue, madame, que j'eus l'indiscrétion coupable de feuilleter les livres de cette petite bibliothèque, et entre autres réflexions en voici une que je me rappelle et qui me paraît d'un grand sens, et tout-à-fait neuve :

Pour juger et comprendre dans toute sa portée l'œuvre d'un cuisinier, il faut se mettre à table sans ressentir la moindre velléité d'appétit, car le triomphe de l'art culinaire n'est pas d'assouvir la faim, mais de l'exciter.

Cette petite bibliothèque contenait aussi les œuvres de Rabelais et de Verville, *dans le cas* (disait encore une note de l'Inconnu), *dans le cas où dînant seul on voudrait se gaudir en joyeuse et folle compagnie, l'habitude et la race des bouffons amusans étant malheureusement passées de mode.*

Là aussi je feuilletai divers traités de l'art de la vénérie depuis Charles IX jusqu'à nos jours, tous curieusement annotés. J'y lus entre autres une assez longue dissertation dans laquelle notre Inconnu, se trouvant opposé à l'avis de Dampierre et de Verrier de La Conterie, soutenait opiniâtrement que le onzième des trente-un Tons de chasse devait s'appeler le *Forhu*, tandis que ses adversaires le nommaient le *Défaut* ou le *Hourvari*. Je vous fais grâce d'une étymologie curieuse sur la *tête Birarde* et le *Daguet*, qui me parut fort concluante. Je passe aussi sous silence un Nouveau Mode d'engrainage pour les chevaux de chasse, mais je ne puis finir cette longue description sans vous parler encore d'un petit Traité manuscrit de notre Inconnu *sur la Musique appliquée à la Gastronomie.*

Dans cet ouvrage, l'auteur prétendait prouver l'analogie complète qui existait entre le genre de menu de son dîner et le caractère de la musique de Mozart ou de Rossini, par exemple.

Ainsi disait-il : « Si je veux approfondir le
« développement large et progressif de l'ivresse
« ou plutôt de la *poésie* du *Porto*, poésie pen-
« sive, grave et triste, je dînerai seul, je ne
« mangerai que des viandes noires et *sévères*,
« des filets de sanglier ou de cerf de seconde
« tête, harmonisant ainsi les *sucs* des solides et
« les *esprits* des liquides; car si *les mets sont le
« corps de l'ivresse, le vin est son âme, et il faut
« la plus parfaite corrélation entre ces deux prin-
« cipes.* Et puis la lumière qui m'éclairera sera
« pâle et douteuse; et puis la musique qu'on
« m'exécutera (*je n'admets pas un dîner sans
« musique, sans excellente musique*) aura un
« caractère sombre et imposant; ce seront, je
« suppose, quelques pages de *don Juan*, de ce
« puissant et terrible poëme de Mozart, ou
« quelque chants grandioses du *Moïse*.

« Alors mon corps, mon âme et mon esprit
« étant surexcités par la triple ivresse des mets,
« du vin et de la musique, j'atteindrai aux
« plus hautes sphères de jouissance matérielle
« et intellectuelle.

« Si, au contraire, je veux me laisser bercer à
« l'insouciante et folle poésie du frais champa-

« gne, je sucerai les atomes de quelques oiseaux
« légers et brillans, un *sot-l'y-laisse* de faisan
« doré, un aileron de bartaravelle aux pattes
« de pourpre.... Alors, l'éclat de mille bou-
« gies, des fleurs, du vermeil, des femmes,
« des cris d'amour et de gaîté... Alors vienne,
« pour compléter mon extase, une fringante
« tarentelle de *la Muette*, vienne la musique
« sublime du *Barbier*, musique enivrante qui
« rit, étincelle et pétille comme le gaz fremis-
« sant sous la mousse argentée! »

Mais je cesse mes citations empruntées au manuscrit de cet original pour vous citer seulement l'heureuse innovation que cet homme sensuel avait apportée dans sa salle à manger. Je veux parler de larges, profonds et excellens fauteuils, dont le siége, un peu incliné, était en maroquin et le dossier en drap [1], rempla-

---

[1] Nous avons cherché consciencieusement quelle pouvait être la raison de cette différence entre le siége et le dossier, et nous donnons la solution suivante sans en garantir l'exactitude : Le travail de la digestion faisant éprouver une espèce de frisson qui affecte principalement le dos, on conçoit que l'impression fraîche produite par un dossier de maroquin eût encore augmenté cette sensation désagréable.

çant ces chaises si incommodes qui garnissent ordinairement les salles à manger les mieux entendues...

Vous avouerez donc, madame, que sans magie on peut, j'espère, parfaitement préjuger du caractère de notre Inconnu, d'après cette salle à manger; cet ensemble, ces détails ne disent-ils pas : Cet homme ne vit que pour la table, le vin et la chasse; c'est un joyeux et indolent compagnon qui résume la vie et le bonheur dans une sauce, une meute et une écurie; qui, ne comprenant que des plaisirs physiques, vivant d'une vie d'action, doit manquer complétement des sens délicats, qui trouvent leurs joies et leurs peines dans des sensations toutes intellectuelles.

Pour cet homme, les arts ne sont pas un but, mais un moyen qu'il subordonne à ses grossiers plaisirs. S'il aime la musique, ce n'est pas pour revêtir de ses pensées les sons qui le charment; ce n'est pas pour se laisser emporter aux brises frémissantes de l'harmonie, dans l'espérance d'entrevoir cet infini auquel une âme ardente aspire toujours. Non, pour cet homme la musique n'est qu'un son plus ou moins mélodieux qui l'endort dans ses orgies.

Dans les ravissantes peintures qu'il a sous les yeux, cet homme ne voit qu'une couleur, qu'une représentation exacte du cheval ou du chien, qu'il a aimé parce qu'il avait des flancs ou du jarret.

Dans ces sublimes bouffonneries de Verville et de Rabelais, qui cachent tant de puissantes hyperboles, il ne voit, lui, que le mot cynique qui rit à son cerveau noyé dans la vapeur du vin. Voilà tout.

Enfin, n'est-il pas vrai, madame, que chez cet homme l'être intellectuel manquant tout-à-fait, il n'y a en lui qu'une enveloppe grossière, et qu'au lieu d'âme c'est un instinct brutal et sensuel qui l'anime ?

— Je suis de votre avis, docteur, et je commence à vous trouver un peu moins magicien... et un peu plus sorcier. Mais vous, que pouviez-vous faire pour ce turbulent chasseur, qui ne devait souffrir que d'une côte enfoncée à la chasse ou des excès d'une débauche ?

— Rien au monde, madame; car je pensais comme vous, et mon imagination alla même plus loin : par une singulière puissance d'intuition, je me figurai son portrait physique, bien sûr de ne me tromper pas...

— Oh! cela, je le conçois si bien, s'écria la comtesse, que je puis aussi vous faire ce portrait... Je le vois d'ici, votre chasseur, grand, fort, hardi, l'œil brillant lorsqu'il s'accoude à table; et dans ses traits, dans ses moindres mots, je lis l'expression du dédain le plus prononcé pour tout ce qui n'est ni jockey, ni bouffon, ni piqueur, ni cuisinier...

— Parfait, admirable, madame; c'est ainsi que j'avais rêvé notre homme. Aussi je me disposais à quitter cette salle, lorsque, me trompant de porte, j'entrai... Mais vous ne sauriez croire mon étonnement...

— Mais dites donc vite! s'écria la comtesse.

— Eh bien, madame la comtesse, j'entrai dans une bibliothèque.

— Ah! bon Dieu... que pouvait-il donc faire d'une biblothèque? une bibliothèque!...

— La plus complète, la plus surprenante des bibliothèques, et l'étonnement que j'éprouvai fut d'autant plus désagréable, que *mon siége étant fait*, je pressentis peut-être la nécessité de recommencer mes observations sur de nouvelles bases... et puis, la transition était si brusque, si heurtée, que j'eus besoin de me recueillir un moment...

Figurez-vous, madame, que dans cette nouvelle salle, tout était changé, tout avait un caractère sérieux et imposant, tout, jusqu'au jour, car au lieu d'être éblouissant et joyeux comme celui qui inondait la salle à manger, le jour qui régnait dans cette bibliothèque, ne pénétrant qu'à travers les vitraux épais et coloriés d'étroites fenêtres en ogives, jetait dans cette longue galerie une teinte sombre et mystérieuse.

Entre ces fenêtres on voyait de nombreuses tablettes chargées de minéraux, de coquillages, de produits d'histoire naturelle, d'ustensiles et d'armes de tous les pays ; ici, des antiquités romaines trouvées dans les fouilles d'Herculanum ; là, des ornemens d'or du temple du Soleil, recueillis au Mexique.

Plus loin, dans sa gaîne étincelante de pierreries, le kangiar oriental, poignard somptueux comme la vie qu'il tranche au harem, contrastait avec le féty, couteau malais à manche de corne, si effrayant dans sa féroce nudité.

Mais une chose remarquable, madame, c'est qu'on lisait ces mots sur presque toutes ces raretés : *Apporté du Mexique, lors de mon voyage en* 18... — *Apporté de l'Inde, en* 18... etc.

— Mais alors, c'était donc un savant, un voyageur... que notre chasseur?...

— Veuillez m'écouter, madame. Du côté opposé à ces tablettes, s'étendait une immense bibliothèque en chêne noirci par le temps, ciselée, dentelée par d'admirables sculptures qui rappelaient ces merveilleux enroulemens de Pujet ou de Jean Goujon : là étaient renfermés tous les trésors de l'intelligence humaine; là, des richesses inestimables; là, un choix d'ouvrages, qui révélait le penseur et le philosophe, et la multitude de signets et de marques dont les livres étaient hérissés prouvaient assez que cette collection précieuse n'était pas un objet de luxe, mais répondait à un besoin impérieux de science et d'étude.

Enfin, au milieu de cette galerie, une table immense aussi en chêne noir, était couverte d'in-folios jaunis par le temps, de précieux manuscrits à enluminures, de cartes, de plans, de livres ouverts çà et là, et jetés sans ordre avec impatience, comme si celui qui les interrogeait leur eût en vain demandé un de ces secrets, qu'on ne lit dans aucun livre.

Je m'approchai de cette table, presque avec émotion, et je jetai un coup d'œil furtif sur des notes éparpillées et sans suite... Mais je ne pus retenir un mouvement de surprise en reconnaissant sur ces feuilles jaunies, macérées, froissées par l'ardeur de la science... cette même écriture fine et serrée qui annotait avec un sérieux si plaisant des ouvrages de chasse et de gastronomie.

Oui, madame, ce fut presque avec émotion que, pensant à cet esprit si étrange dans ses contrastes, je suivis l'expression quelquefois incomplète, mais toujours forte de cette âme singulière.

Politique, morale, histoire, philosophie, métaphysique, cet homme devait avoir tout compris, tout embrassé ; dans ces lignes éparses, tout était analysé d'une manière énergique, abstraite, incisive, qui décelait un esprit supérieur mûri par l'expérience, lequel, écartant les théories et les systèmes, repousse tout ce qui peut lui cacher la véritable expression de l'humanité, cette expression fût-elle désespérante.

Oh, madame! il fallait que cet homme eût bien aimé, bien haï, bien vu, bien souffert, bien éprouvé, pour marcher ainsi calme et impassible à la recherche d'effrayantes vérités, écrasant avec dédain les mensongères et consolantes illusions qui lui dérobaient ce but fatal... Il fallait avoir passé bien des années...

— Mais, docteur... le croyez-vous donc si vieux?... demanda la comtesse avec un singulier intérêt.

— Moralement, oui, madame; ses pensées n'avaient pas le caractère poétique et confiant de la jeunesse... c'était plutôt l'amère et inflexible raison de l'homme mûr... et pourtant, en pensant à cette salle à manger qui me paraissait révéler un homme si à part, si complet, dans son rayon, je ne savais comment faire coïncider ces deux natures si différentes, et pourtant si identiques. Et puis, le jour douteux de cette galerie réagissant sur mes idées, je ne sais quelles pensées confuses de docteur Faust, d'alchimie, de secrets défendus et cherchés, vinrent m'assaillir. C'était une impression toute d'art et de poésie, il est vrai; mais cette impression me fit presque peur, et, voyant une porte devant moi, je l'ouvris avec vivacité, et je respirai plus à l'aise en me trouvant dans un atelier qui recevait d'en haut une lumière douce et pure.

Une fois hors de cette galerie sombre je me sentis plus rassuré, content comme un enfant qui, ayant peur des ténèbres, a revu le jour.

Alors, je l'avoue, madame, le portrait physique du joyeux compagnon de la salle à manger ne concordait plus avec celui du sérieux solitaire de la galerie... Je courbai donc sa taille, je creusai et pâlis ses joues, je découvris son front déjà sillonné de rides, j'éteignis le feu brillant de ses prunelles, et l'enveloppant dans une longue robe, je me le figurai assis, son doigt étendu sur une pensée de Pascal, ou de Newton, et la tête levée vers une sphère étoilée comme pour y chercher la solution de quelque grand problème que ces moralistes avaient soulevé sans le résoudre.

— Mon Dieu, vous le faites bien laid! dit la comtesse ; moi, je le vois pâle aussi, mais d'une pâleur qui sied bien... son front est découvert, mais ses cheveux sont bouclés, ses yeux ont un regard profond, mais par cela même plein d'âme et de mélancolie ; enfin, j'aime assez votre grande robe, mais il faut qu'elle soit de velours noir, avec une ceinture de soie argent et bleu... ou or et rouge... non, bleue... seulement bleue... c'est plus sévère...

— J'avoue, madame, que votre portrait est plus poétique que le mien ; la robe de velours noir surtout est d'un charmant effet, et je l'adopte.

Une fois dans cet atelier, quoique le jour commençât à baisser, je pus encore jouir de la vue des plus magnifiques tableaux des Claude Lorrain, des Raphaël, des Michel-Ange, des Rembrandt, surtout des Rembrandt. Mais de l'école moderne je ne vis qu'un tableau d'Eugène Delacroix, et puis çà et là, en désordre, des études qui paraissaient peintes d'après nature : c'étaient des vues du Nord, le ciel gris et glauque, les lames jaunâtres de la Baltique, ou bien le ciel bleu et les eaux caressantes d'une île de l'Archipel... c'était encore une tête de femme, créole de Lima, aux tons bruns et dorés, qui contrastait avec la fraîcheur transparente d'une figure du nord ; et par une incroyable souplesse de talens, ces natures si opposées étaient rendues avec une égale naïveté.

— Il était donc peintre aussi votre savant ?...

— A en juger du moins par des tableaux finis ou ébauchés qui garnissaient quelques chevalets... par une palette chargée de couleurs encore fraîches et brusquement jetée de côté, peut-être dans un de ces momens de désespoir sublime qui révèlent à l'artiste l'immense étendue et l'immense impuissance de son art...

Oh ! disois-je, madame, je conçois bien maintenant qu'il souffre celui qui a peut-être en vain demandé le bonheur aux arts et aux sciences... sans doute il souffre de cette douleur sublime et incurable, qui dévore et ravit ceux qui s'isolant dans leur retraite fuient un monde frivole qui ne les comprend pas!...

A ce moment, madame, un valet de chambre, suivi d'un laquais en livrée portant des lumières, ouvrit la porte de cet atelier où il ne faisait presque plus jour, en me disant que son maître n'allait sans doute pas tarder à rentrer : il me proposa d'attendre dans le salon.

Je suivis ce laquais, et après avoir traversé un petit couloir, j'éprouvai autant d'étonnement que j'en avais ressenti en passant de cette salle à manger si folle, dans cette galerie si sérieuse.

Car de cette bibliothèque, de cet atelier où j'avais cru voir se concentrer tout entière la vie et les goûts de cet homme bizarre, je me trouvai tout à coup dans un vaste et splendide salon dont on venait d'allumer les candélabres et le lustre qui étincelaient des feux de mille bougies.

A quelques symptômes, seulement perceptibles pour un observateur, je remarquai que ce salon n'était pas comme ces honnêtes salons de la bourgeoisie qui, à de longs intervalles, ayant beau dépouiller les housses des meubles, les gazes des bronzes, n'en ont pas moins l'air gauche d'un homme *endimanché.*

Non, ce salon au contraire, soit à de légères marques d'usure qui altéraient à peine la délicieuse fraîcheur des meubles et des tapis, soit à je ne sais quel caractère dont est empreinte une pièce qu'on habite, ce brillant salon attestait assez qu'il recevait de nombreuses et fréquentes réunions.

— Ah, mon Dieu! mais ce n'est donc plus un artiste et un savant que notre voyageur? dit la comtesse...

— C'est bien autre chose, ma foi, dit le docteur.

Mais pour en revenir au salon de notre Inconnu, madame, on y respirait je ne sais quel parfum d'élégance et d'aristocratie : son architecture était à la fois grave et simple, de grands portraits de famille couvraient les murs, et d'épaisses draperies de soie pourpre tombaient pesamment le long de grandes fenêtres entourées d'arabesques d'or.

Une chose que je remarquai et qui me témoigna du bon goût de notre Inconnu, c'est qu'au lieu d'être perdu au milieu de ces bronzes lourds et de mauvais aspect qui déparent nos appartemens, le mouvement de la pendule de ce salon se trouvait encadré dans le socle d'une ravissante statue de Canova, et que deux admirables copies du Vase de Médicis en marbre blanc complétaient la garniture de cette cheminée dont la frise et les chambranles étaient aussi merveilleusement sculptés.

On avait pris le même soin pour les lustres et les candélabres dorés qui offraient les lignes simples et nobles des anciennes lampes romaines, et non cet entortillage d'affreuses volutes qui font la honte de nos artistes.

Je m'approchai d'une urne de porphyre d'un travail exquis, placée sur une console, et y plongeant machinalement la main, je retirai une foule de cartes de visites et d'invitations, qui annonçaient que, malgré ou peut-être à cause de ses goûts de chasseur, de solitaire et d'artiste, notre inconnu était en relation avec toutes nos supériorités de naissance, de mérite et de fortune.

Je vous avoue, madame, que ma surprise

allait toujours croissant. A la rigueur, j'avais fait coïncider le goût des chevaux et de la chasse, de la table même, avec le goût des sciences et des arts.

Je concevais une vie partagée entre des études abstraites, profondes, excentriques, et un exercice forcé qui, par sa violence, détendait le moral pendant quelques heures, et lui rendait cette souplesse, cette élasticité qu'un travail trop ardu et trop prolongé lui eût fait perdre.

Cette manière encore d'envisager la gastronomie comme un excitant qui double, pour un moment, la vivacité de nos sens; cette bizarrerie de ne voir dans l'ivresse qu'une sorte d'exaltation poétique à laquelle une ravissante musique prête de nouveaux charmes, annonçaient encore l'homme d'un esprit supérieur, mais qui semblait devoir vivre seul dans le cercle qu'il s'était tracé, parce qu'il avait assez en lui pour vivre de lui-même.

Mais que cet homme, qui paraissait donner de si larges développemens à ses facultés morales et physiques, eût encore le temps, le vouloir et le besoin de s'égarer dans le tourbillon monotone du monde, c'est ce dont je ne pouvais me rendre compte.

— Ni moi, je vous jure, dit la comtesse toute pensive.

— Comme j'étais absorbé par ces réflexions, j'entendis hogner légèrement un chien... à une porte ; j'ouvris : c'était une chambre à coucher éclairée par un globe d'albâtre qui, perdu dans le plafond fait en dôme, apparaissait comme un faible foyer de lumière sans rayons.

Les cris et les grattemens du chien devenant plus distincts, je m'approchai d'une porte masquée dans la tenture ; je la poussai, et je vis sortir le plus ravissant petit lévrier qu'on puisse imaginer. Il était de cette espèce si rare qu'on ne trouve plus qu'à l'île de Candie, tout noir avec une marque blanche sur le front.

Je vous avoue, madame, que je fus moins frappé de la gentillesse du prisonnier que je venais de délivrer, que du singulier aspect de ce cabinet.

C'était le cabinet de toilette de notre Inconnu, et je vous avoue que moi, qui croyais connaître à peu près tout ce que la recherche anglaise a imaginé en ce genre, je fus attéré à la vue de l'innombrable quantité de brosses, de limes, de pinces, de crochets, de boîtes, de ciseaux, de peignes, de pierres, de grattoirs, de flacons, de fioles d'essences, d'huiles, d'esprits, de pommades, qui composaient l'arsenal de toilette de notre Inconnu.

Là, je vis aussi une foule innombrable de cannes en ivoire, en ébène, en corne, en baleine, en jonc, montées en argent, en or, en pierreries. C'était encore une série de cravaches, de cannes de cheval et de fouets de chasse à enrichir Palmer. Enfin, figurez-vous bien que là étaient rassemblées toutes ces inconcevables superfluités de luxe et de toilette dont un élégant désœuvré peut seul comprendre le mérite et l'utilité.

Et encore, je ne vous parle pas d'une multitude de bagues, de boutons, d'épingles, de chaînes, à rendre des femmes jalouses, de ces frivolités ruineuses dont le prix est aussi exorbitant que leur vogue est rapide.

Enfin, madame, je refermai la porte de ce cabinet presque avec indignation, pensant que je m'étais sans doute trompé dans mes conjectures, car il était impossible qu'un homme si grave, si sérieux, et d'un autre côté si insouciant et si artiste, eût, prononcés à ce point, ces goûts de la dissipation fainéante et ennuyée.

La vue de la chambre à coucher me confirma dans ces idées : tout y était coquet, musqué, fardé, des fleurs et des glaces partout, des cassolettes à parfums, des ottomanes à dos brisé, une alcôve combinée, avec tous les raffinemens d'une lascivité orientale ; il y avait aussi je ne sais quel parfum dont l'odeur chaude et forte énervait, et puis des tableaux de Boucher et de Vanloo... Quelques Carraches remplis de passion et de volupté se reflétaient dans les glaces; et puis enfin se dressait sur un piédestal environné des plus beaux camélia, cet admirable groupe de Houdon, qui représente un jeune homme recevant dans ses bras le corps de sa maîtresse pâmée sous ses baisers...

C'est impossible, me disais-je... il faut qu'il soient ici deux frères, deux amis ; car tout cela, tous ces goûts si divers d'amour, de savoir, de monde, de table, de chasse, d'art, tous ces goûts, encore une fois, ne peuvent pas se trouver réunis et développés à ce point chez un seul homme.

— C'est impossible! disais-je à haute voix.

Le pauvre petit lévrier eut probablement peur, car il s'approcha timidement de moi en levant sa tête fine et spirituelle, où étincelaient deux grands yeux noirs. Je me baissai pour le caresser, et vis sur son collier... un nom.

— Quel nom...? docteur, demanda vivement la comtesse.

— Oh! quant à ce nom, madame, reprit le docteur... Ce n'est plus de la physiologie de l'appartement... c'est plutôt de la physiologie du mariage; et cet événement pourrait fournir un chapitre de plus à notre tant spirituel conteur.

— Mais quel nom, docteur... dites-le donc?

— Impossible, madame; c'est un nom trop connu... mais ce qu'il y a de plus affreux, c'est que sur l'ottomane où je m'étais assis un instant j'avais trouvé un mouchoir dont les initiales brodées ne se rapportaient nullement au nom qui se lisait sur le collier vermeil du joli lévrier.

— Mais c'était un monstre que cet homme-là, docteur!... ce ne peut pas être le même...

comment! ce serait aussi un homme à bonne fortune que votre savant, c'est-à-dire votre chasseur, votre voyageur... non... enfin, votre Inconnu ; car, en vérité, on s'y perd. C'est impossible. Docteur, ce n'est plus le même.

— C'est ce que je pensais, madame; et pour m'en éclaircir, je sonnai un valet de chambre.

— Votre maître ne revient pas ?... Voici plus d'une heure que j'attends, lui dis-je, et je m'en vais.

— Monsieur sera bien fâché, reprit-il.

— Ah ça, lequel : Monsieur ? car votre maître n'habite pas seul ici ?

— Pardonnez-moi, monsieur.

— Écoutez, mon ami, je suis médecin, et l'on m'a consulté pour votre maître; je serais donc fort content d'avoir quelques notions sur ses habitudes, son caractère qui me paraît assez inexplicable; car, à dire vrai, je ne comprends pas comment, avec les goûts que semble annoncer sa salle à manger, par exemple, il ait grand besoin d'une bibliothèque; de même qu'avec une bibliothèque aussi sérieuse il ait besoin de cette espèce de boudoir. Expliquez-moi cela?

— Je vois ce qui vous étonne, monsieur, me répondit ce valet ; plusieurs personnes en ont été étonnées comme vous ; moi-même, monsieur, quoique je n'aie jamais quitté mon maître depuis son enfance, quoique je l'aie suivi dans tous ses voyages, je ne le connais pas encore. Tantôt il reste des jours enfermé seul dans la galerie, et alors personne au monde que moi ne peut le voir. Pendant ces momens, son humeur est irascible, farouche et emportée; il mange à peine, reste cinq ou six jours avec une barbe à faire peur, lisant, écrivant, se promenant à grands pas... peignant un peu et parfois aussi, faisant de la musique sur sa harpe; mais quelle musique ! monsieur... triste! triste! à fendre l'âme! Et puis un beau jour, Monsieur qui s'était couché d'une humeur épouvantable, se lève gai comme un pinson... je le coiffe, je le rase. Il fait venir son piqueur. Alors il arrange des parties de chasse; alors ce sont des chevaux à essayer, des attelages à appareiller; et puis, Monsieur reçoit ses amis, va dans le monde. Quelquefois il dîne seul, et alors, pendant qu'on lui joue des airs tantôt gais tantôt tristes,

Monsieur se grise... que c'est une bénédiction ; il appelle ça *se mettre en poésie*. D'autres fois, Monsieur ne dîne pas tout-à-fait seul, et alors, alors comme alors, dit le valet avec un malin sourire en jetant un coup d'œil circulaire sur la chambre à coucher... Et puis un beau jour le noir revient... Alors les chevaux restent à l'écurie, les chiens au chenil, les voitures sous les remises... Tous les gens de la maison, cochers, cuisiniers, palefreniers, valets de pied, savent ce que ça veut dire ; et malgré les ordres du maître-d'hôtel, tout ça prend sa volée, et c'est toujours à recommencer. Seulement depuis quelque temps je remarque que les séjours dans la bibliothèque deviennent plus fréquens et plus longs... et c'est peut-être pour cela que Monsieur veut vous voir.

A ce moment un valet entra avec une lettre :
— C'est pour vous, M. Grosbois, dit-il à mon interlocuteur.

— Je demande bien pardon à monsieur, me dit le laquais bien élevé en décachetant la lettre... Puis : — Mon Dieu ! monsieur... mon maître me dit de vous faire mille excuses... Mais il est dans l'impossibilité de venir ce soir, et m'ordonne de faire les mêmes excuses à quelques amis qui devaient venir aussi le visiter.

Je sortis donc, madame la comtesse, pas plus avancé qu'en entrant, et seulement j'avais le mot d'une charade à deviner.

— C'est tout-à-fait cela, docteur, un logogriphe vivant!...

Tel fut le récit du docteur; et jamais ordonnance n'opéra de plus heureux résultats; car cette jolie femme était, je crois, comme il y en a beaucoup, difficile, rêveuse, ennuyée. Avant tout, le docteur avait voulu occuper son imagination, et il l'occupa; car elle fut bien long-temps à chercher, sans le trouver, le nom de cet homme universel...

Et ce, par une excellente raison!...

EUGÈNE SUE.

FIN.

TABLE DES MATIÈRES

CONTENUES DANS CE VOLUME.

De l'Art et de la Poésie en France depuis la Révolution de Juillet, par Jules Janin. Pag. 1

La Mode en 1832, par Herbinot de Mauchamps. 42

CHRONIQUE DU MONDE FASHIONABLE.

Le Peintre, nouvelle, par Henry Martin. 83

Emma, anecdote, par Gustave Drouineau. 107

Kerval, roman, par le vicomte de Marquessac. 115

Un Bal masqué, drame, par Alexandre Dumas. 165

L'Avocat, scenario, par Gustave Albitte. 183

Un Bal de noces, par Émile Deschamps. 215

Une Représentation, chronique théâtrale, par Jules Lacroix. 231

La Veuve et l'Orphelin, scène parisienne en novembre 1832, par le vicomte d'Arlincourt. 251

L'Amour d'autrefois et l'Amour d'aujourd'hui, histoire d'hier et de 1760, par P. L. Jacob, bibliophile. 277

Les Pressentimens, medianoche, par Petrus Borel. 313

Physiologie d'un appartement, par Eugène Sue. 343

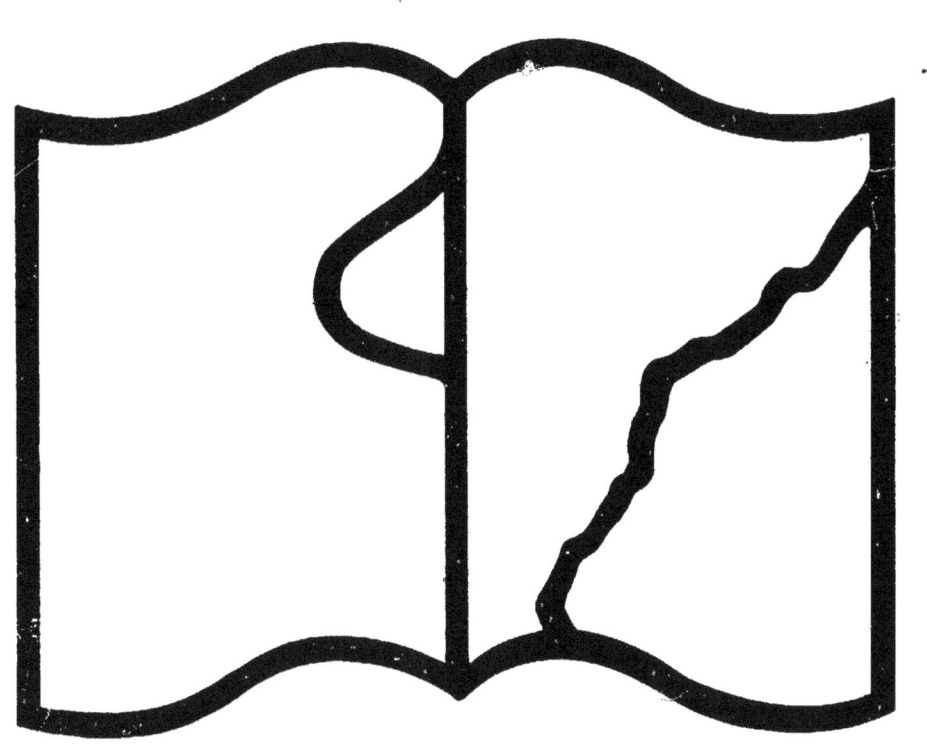

Texte détérioré — reliure défectueuse

NF Z 43-120-11

www.ingramcontent.com/pod-product-compliance
Lightning Source LLC
Chambersburg PA
CBHW070454170426
43201CB00010B/1341